教育の危機管理と復興・支援

日本教育政策学会・編

2021 日本教育政策学会年報 第28号

刊行にあたって

日本教育政策学会年報第28号をお届けします。

今号のテーマは、「教育の危機管理と復興・支援」としました。2011年３月11日の東日本大震災から10年が過ぎようとするときに、新型コロナウイルスによるパンデミックの危機が全世界に訪れました。災害に限らず、うつや自殺、いじめや不登校、非行など、すでに危機は特殊な場所、特殊な時間に限定されたものではなく、広く日常にあまねく存在するものとなっています。危機は逆に日常のあり方を問い直す契機ともなります。

特集２の「学校自治と教育スタンダードーニュージーランド・『明日の学校』タスクフォースレポート2019をめぐってー」は、昨年度、東京都立大学が実施校となって Zoom により開催された研究大会の公開シンポジウムを土台にした論稿です。Zoom によりニュージーランドの報告者、東京と名古屋の指定討論者、日本各地の参加者を双方向でつないで協議を行うという新しい時代の開催方式となりました。

特集３の「教育と福祉の統一的保障をめぐる教育政策の課題と展望」は第９期課題研究の最終３年目の論稿です。公開シンポジウムと同様に Zoom により開催されました。子どもの貧困と現代国家、家族、そして学校教育との関わりを深く追求するものとなっています。

年報第28号から新しい編集委員会の体制となりました。コロナ禍の中で Zoom での開催が常態となり、常任編集委員も経験していない者が委員長となったこともあって、不慣れなこと、初めて知ることが多くありました。このような中、刊行までたどりつけたのは、ご執筆をいただいた方々をはじめ、編集委員、英文校閲者、幹事の皆様の支えがあってこそのことです。新型コロナの影響は続き、昨年度に続き、今年度の静岡大学での大会も遠隔開催となる予定です。

本年報が、教育政策研究のさらなる活性化に資することを、編集担当者として強く願っています。最後になりましたが、本誌刊行にご尽力いただいた学事出版のみなさまに感謝申し上げます。

2021年４月20日

日本教育政策学会年報編集委員会 委員長　佐藤　修司

日本教育政策学会年報2021（第28号）
―教育の危機管理と復興・支援―　目次

刊行にあたって……佐藤修司　003

Ⅰ　特集１　教育の危機管理と復興・支援

特集１　企画趣旨……年報編集委員会　008

災害リスクとペダゴジー
――東日本大震災後の被災地の教育課題の変化を捉える……松田洋介　010

ステークホルダーとの協働による児童生徒の
「生きる力」を高める防災教育プログラムの開発……永田俊光　025

「学校の危機管理」に対する被害者家族・遺族の反応と教育政策形成
――もう一度「教育学」的議論に立ち戻る必要性……住友剛　040

Ⅱ　特集２　学校自治と教育スタンダード

特集２　企画趣旨……荒井文昭　056

ニュージーランドにおける最近の学校改革
――改革はプライバタイゼーションに対応するのか……マーティン・スラップ　060

教師と校長のプライバタイゼーションに関する認識と知識、そして鑑別
……勝野正章　070

ニュージーランドの学校自治と教育スタンダード……石井拓児　076

Ⅲ　特集３　教育と福祉の統一的保障をめぐる教育政策の課題と展望

子どもの貧困と現代国家――扶養の私事性と国家装置としての学校教育……中嶋哲彦　084
子どもの貧困対策と家族
――子どもへの教育支援の拡大は何を意味するのか……広井多鶴子　093
課題研究「教育と福祉の統一的保障をめぐる教育政策の課題と展望」のまとめ
……勝野正章　103

Ⅳ　投稿論文

小規模特認校をめぐる地域住民と校区外保護者の関係構築過程
――A県B市X地区を事例に……長尾悠里　110

Ⅴ　研究ノート

教師の職務負担適正化のための検討組織についての考察
――スコットランド教師問題交渉委員会の設置及びその活動を中心として……藤田弘之　126

Ⅵ　内外の教育政策・研究動向

[内外の教育政策研究動向　2020]
国内の教育政策研究動向……中村恵佑　138
韓国の教育政策研究動向2020
時代の転換期の教育政策とその研究動向……安ウンギョン　146
[内外の教育政策動向　2020]
政府・文部科学省・中央諸団体の教育政策動向……柴田聡史　156
地方自治体の教育政策動向……松田香南　163

Ⅶ　書評・図書紹介

［書評］
榎景子著『現代アメリカ学校再編政策と「地域再生」』……成松美枝　172
福嶋尚子著『占領期日本における学校評価政策に関する研究』……樋口修資　177
井深雄二著『現代日本教育費政策史』……小入羽秀敬　182
［図書紹介］
中嶋哲彦著『国家と教育』……姉崎洋一　186
大桃敏行・背戸博史編著『日本型公教育の再検討』……坪井由実　189
吉住隆弘・川口洋誉・鈴木晶子編著『子どもの貧困と地域の連携・協働』……武井哲郎　192
柏木智子・武井哲郎編著『貧困・外国人世帯の子どもへの包括的支援』……川口洋誉　195

Ⅷ　英文摘要……200

Ⅸ　学会記事……210

第27回学会大会記事／日本教育政策学会会則／同・会長及び理事選出規程／同・年報編集委員会規程／同・年報編集規程／同・年報投稿・執筆要領／同・申し合わせ事項／同・第10期役員一覧／同・年報編集委員会の構成

編集後記……尾﨑公子　223

I

特集 1
教育の危機管理と復興・支援

特集１：教育の危機管理と復興・支援

特集１　教育の危機管理と復興・支援　企画趣旨

日本教育政策学会年報編集委員会

東日本大震災からおおよそ10年、阪神淡路大震災からは25年が経過し、予想されている大規模地震、津波への備えが求められる中、地球温暖化が大きな要因である豪雨災害が毎年のように繰り返されている。原発事故も含めて、危機への事前、事中、事後の全般にわたって人為的な要素が大きくからむ。地域や学校、住民、子どもへの支援や復興に向けた体制構築はいまだに不完全なものにとどまる。あるべき人間復興、地域（ふるさとやなりわい）復興、関係性の回復、紡ぎ直し、権利や尊厳の実現ではなく、新自由主義的な災害便乗型資本主義、ショックドクトリンは「復興災害」と呼ぶべきものへと帰結していると言われる。教育政策学の側面からこれをどのようにとらえればいいのか。

また、危機を災害だけでなく、事故や事件にまで広げてみれば、大阪教育大学附属池田小学校事件からも20年近くが経過した。1980年代半ばの中野富士見中いじめ自殺事件からすでに35年近くが経過し、いじめ防止対策推進法はできたものの、いじめ自殺の解決の兆しは見えない。通学中の交通事故、児童虐待、体罰、不登校も含めて、学校における危機は深まっている。2020年はそこに新型コロナウィルスの感染拡大、パンデミックに伴う全世界的な危機も加わった。

それらの危機は本来、日常を見直す契機ともなるはずのものである。実際に危機を境にして、本来の教育のあり方が取り戻されたが、日常に戻る中で、元の閉塞的な関係へと戻っていく事例が見られた。この点も検討課題となるであろう。そこで、本号では、学校を中心として教育における危機管理のあり方、復興や支援のあり方を問い直すことを特集テーマとした。

第一に、東日本大震災発災後から一貫して被災地を訪問しエスノグラフィーに取り組んできた松田洋介会員に、災害リスクとペダゴジーの変容について取り上げていただいた。震災がもたらすリスクには「伝統的リスク」と「現代型リスク」があり、震災後、リスク時と日常時の区分が明らかな「伝統的リスク」は、徐々に、区分の困難な「現代型リスク」へと移行していく。この「現代型リスク」に対応するには「文脈指向ペダゴジー」が必要であり、子どもや地域社会が作り出している文脈に即した教育実践の展開を指向し、学校の復興と地域の復興を重ねながら課題を共有していく方向性を取る。ところが、学校全体がテスト重視の脱文脈指向ペダゴジーへと移行する中で、文脈指向ペダゴジーを支持する社会的条件も失われていった。それを踏まえて、防災教育における文脈指向ペダゴジーの必要性とともに、それが成立するための困難と希望が述べられている。

第二に、気象台に勤めながら、防災教育プログラムの開発に取り組んできた永田俊光氏（会員外）に、実際のプログラムの開発・実施・評価・改善に関わる分析・検討と、防災教育を研究し成果を広く普及するための学校、教育委員会、ステークホルダーとの連携の重要性、専門家（研究者）の関わり方を提案していただいた。防災教育プログラムは、教員自らが教科学習と同じように体系的な防災教育を実現する学習教材であり、新学習指導要領における「主体的・対話的で深い学び」の視点が取り入れられ、インストラクショナルデザイン理論等の学習理論によって検証され、教育効果が高められ、一般化されている。それが障害のある児童生徒にも適用され、成果をあげている。防災の危機意識や関心が高い学校や教員が積極的に取り組む「点」の状態から「面」的なネットワークに広げるためには、防災教育に普遍的に取り組めるようなミニマムスタンダードの体系化や、子どもたちが能動的に学習するための学校や教員への支援の充実が必要とされている。

第三に、いじめに関わる問題に取り組んできた住友剛会員には、「学校の危機管理」に対する被害者家族・遺族の反応を取り上げ、教育政策の形成の課題を明らかにしていただいた。被害者家族・遺族が「学校の危機管理」に対してどのような反応をしてきたのか、彼らが「学校の危機管理」に抱く不満や疑問などを、どのように文部科学省や各政党などに働きかけ、政策形成の過程に影響を与えてきたのか。いじめ防止対策推進法に基づく「重大事態」への対応を例として考察し、被害者家族・遺族と学校・教育行政側の相互不信の構図を緩和し、学校コミュニティの再生に向けて、あらためて教育学的な議論に立ち返る議論を提起している。そのために必要なのは、家族・遺族側と学校・教育行政側が研究者・専門職と共に同じテーブルについて議論を行い、課題を整理する作業であり、そのための議論のテーブルづくりであるとされている。　（文責：佐藤修司年報編集委員長）

特集1：教育の危機管理と復興・支援

特集1　災害リスクとペダゴジー
――東日本大震災後の被災地の教育課題の変化を捉える

松田　洋介

1．災害リスクとペダゴジー

（1）災害リスクと教育課題

東日本大震災発災から10年が経過した。この間、被災地の教育課題はいかなる変化を辿ってきたのだろうか。本稿では、それを災害リスクへの対応という視点から検討する。

東日本大震災は、学校現場に二つの意味での災害リスクを顕在化させた。第一に、災害によって子どもの生命が脅かされるリスクである。災害直後に選択した行動で、子どもや教師が無事に避難できるかどうかが規定される。災害時に教師や子どもが適切な行動を取るために何が必要か。学校として考え、教育活動として取り組む必要性が喚起された。第二に、災害がその後の子どもの成長／発達を阻害するリスクである。震災経験がトラウマとなった子どもは少なくない。また、震災によって十全でない環境で過ごさなければならない子どもたちが多数いる。しかし、その影響がいつどのように子どもの成長／発達の困難として顕現化するかは自明ではない。教師たちは、はっきりとは見えない震災の子どもへの影響を念頭に置きつつ、教育活動をすることが求められる。

これらの災害リスクは被災地の教育をいかに規定してきたのだろうか。本稿では、ルーマンに依拠して現代社会のリスクのあり方を理論的に検討してきた小松丈晃（2003, 2013）の議論を参考にし、次の二点に注視する。第一に、震災後の学校が直面するリスクを「伝統的リスク」と「現代型リスク」とに区分し、それぞれに異なる対応が求められることを前提に学校の対応を読み解いていくことである。伝統的リスクとは、リスク時と日常時とが明確に分離されているリスクのことを指している。例えば、津波侵襲時／直後の危機的な状況は伝統的リスクの典型である。震災後盛んになった防災教育の多くはこうした伝統的リスクへの対策とみなせる。一方、現代型リスクはリスク時と日常時とが明確に分離できず、日常の中に潜在するリスクを絶えずモニターし、回避することが求められるタイプのリスクである（小松 2013：112-113）。例えば、震災のトラウマを抱える子どもとの関わりは現代型リスクの一つである。「心のケア」の必要性が主張されているように、東日本大震災後はとりわけこのリスクが関心を集めてきた。以上の二つのリスクを区分することで、震災が被災学校にもたらした災害リスクの性格とその変化を読み解くことが可能になる。

第二に、教師たちは、リスクそれ自体を観察する（一次観察）だけでなく、そのリスクが社会的にどのように観察されるのかを観察（二次観察）しながら、教育活動をくみ上げる点である。これはルーマンによる「リスク」／「危険」の区分に基づいている。ルーマンは、リスクを、自ら行った決定の帰結とみなし、その決定（者）に未来の損害が帰属するものとし、他方で危険を、未来の損害可能性が自分以外の誰かや何かに引き起こされ、「被影響者」である自分にもたらされるものであるとし、両者を区別する（小松 2003：31-32）。将来的損害それ自体の可能性とは別に、将来的損害の帰属可能性の観察の違いによって、当事者の行為選択が異なることが予想されるからである。重要なことは、こうしたリスク／危険は当事者の意図によって決まるわけではないことである。リスク／危険がいかに構築されるかは社会的な争いの対象であり、二次観察を踏まえつつ、当事者もまた自らを「決定者」として位置付けることもあれば「被影響者」として位置付けることもある。

この区分は、教育現象、とりわけ、教師の専門職性が揺らいでいる現代の教育現象を分析する上で重要である。そもそも教育現象の因果は確定しにくく、教師にとってもリスク／危険の区分は自明ではなく、揺らぎがちであることに加えて、近年は、教師の専門職性が揺らぎ（久冨・長谷川・福島編 2018）、何らかの損害が生じたときの教師への責任追及が強く、その対応こそが現在の学校教育が直面している課題だからである。それは震災後の学校においても変わらない。リスク／危険の区分によって、教育に関わるリスクに対する社会的なまなざしが、教育活動をいかに規定しているのかを明らかにできる。

（2）2つのペダゴジーとその葛藤

次に、東日本大震災後の被災地の学校教育の変容を検討する枠組として、バーンスティン（Bernstein 1996=2000）の議論に依拠した脱文脈指向ペダゴジーと文脈指向ペダゴジーという二つのペダゴジー類型を示す（松田 2020a）。ペダゴジーとは教育の how と what を統合した概念であり、分類と枠付けの強弱によって、そのさまざまな様態を記述できるものである。

脱文脈指向ペダゴジーとは、個々の子どもや地域の事情に左右されない資質・能力の獲得を目指すペダゴジーである。体系的な知識や技術の獲得を目指す教育から、学力テストの向上を目指す教育までさまざまな形態があるが、将来に焦点をあてナショナル・グローバルに通用する能力の獲得が目指されることは共通しており、一般的に分類・枠付けの強い教育となる。一方、文脈指向ペダゴジーは、子どもや地域社会がつくる文脈に即した教育実践の展開を指向する。子どもや地域社会の現在に焦点をあて、その意味を探り、理解することを重視するペダゴジーである。ローカル社会に照準し、そこでの当事者性の獲得を目指すペダゴジーであり、地域資源を活用した総合学習など、分類・枠付けの弱い教育となりやすい。

後発近代化国で中央集権的な性格の強い日本の教育システムは民衆知識と学校知識との疎隔が大きく、テスト学力の獲得を重視する脱文脈指向ペダゴジーが支配的であった。ただし、個々の子どもたちや地域社会の状況への配慮ぬきに、子どもを学習へと誘えない。それゆえ教師の多くは、教育システムから要請される脱文脈指向ペダゴジーと、子どもや学校の実態に即した文脈指向ペダゴジーとの葛藤の中で教育実践をつくってきた。脱文脈指向ペダゴジーが支配的な中で、文脈指向ペダゴジーがどれだけの地歩を占めるかは、時々の社会文脈に規定されてきた。震災後のペダゴジーの変容についても、この二つのペダゴジー類型を用いることで端的に記述できる。

（3）本論文の課題

以上のリスク論とペダゴジー論を踏まえ、本稿の課題を提示する。

二つのペダゴジー類型を用いると、震災後の学校の変容は以下のように整理できる。すなわち、東日本大震災直後、脱文脈指向ペダゴジーを支えていた社会的基盤が崩壊し、一時的に文脈指向ペダゴジーが隆盛するが、しばらくすると沈静化し、脱文脈指向ペダゴジーが再度強まっていくという変容である。重要なことは、震災直後に隆盛した文脈指向ペダゴジーに教師たちが学校の根源的な意義を見いだし、そうした学校こそが地域の復興に寄与すると期待されたにも関わらず、結局、その動きは充分に具現化することなく、沈静化したということである。学校はなぜそのような変化を辿ったのか。本稿の追求課題はこの点にある。

こうした学校の変化を捉えることは、震災直後には地域と子どもの実態に根ざした実践が点在したにも関わらず、その取り組みが必ずしも拡がらない理由を明らかにすることにもなる。松田（2020c）は、被災地における文脈指向ペダゴジーの停滞を震災経験の共有感覚の弱まりという視点から明らかにしたが、被災地を取り巻く社会的文脈、とりわけ政策が作り出した社会的文脈と結びつけた検討は不十分である。本稿が震災後の学校のペダゴジーの変化を、学校現場が直面してきた災害リスクとの関係から明らかにするのは、災害リスクの性格によって求められるペダゴジーは異なっていると同時に、学校がその災害リスクに応答するペダゴジーを追求するリスクを選択できるか、より具体的には文脈指向ペダゴジーを追求するリスクを選択できるかは、学校がおかれた社会的文脈に強く規定されるからである。リスク論を踏まえることで、被災地の子どもや地域社会の現実と、教育システムからの要請との間で葛藤しながら、ペダゴジーを選択する被災学校の様相が明らかになる。

なお、分析で取り扱うのは、岩手県沿岸部の中学校での参与観察で得られたデータ(1)、被災地の調査研究や被災地の教育実践記録などである。最初に、東日本大震災後のペダゴジーの変容を概観し（２.）、次に学校現場のペダゴジーの選択の試行錯誤がいかなる社会的条件に規定されていたのかを示す（３.）。最後に、今後の災害リスクとペダゴジーのありうる関係について展望する（４.）。

２．東日本大震災後の被災学校のペダゴジーの変容

（１）伝統的リスクと文脈指向ペダゴジーの隆盛

東日本大震災の大津波は、東北沿岸部に壊滅的な打撃を与えた。災害発生時に大部分の学校は子どもと教職員の無事を確保できたが、下校したために津波の犠牲になったケース、指定避難場所が津波に巻き込まれることが予測できずに子ども・教職員が犠牲になったケースもあった（数見編 2011）。後に、こうした発災直後の学校の判断とその帰結の違いは注目され、教育関係者に日常的な防災教育の必要性を喚起することとなる。

こうした震災直後の伝統的リスクへの感度の強まりとは別に、震災経験は、教師や子どもに既存の学校教育を反省する契機となった。

第一に、学校と地域社会との境界が融解した。震災直後、学校は被災した人々が生活し、地域住民が集い、交流する空間となった。仮設住宅の自治会の立ち上げを学校で行い、運動会や学習発表会、収穫祭などの学校行事に多くの

地域住民が参加した（佐々木 2013）。震災後の危機を乗り越え人々の生活を支えた学校は、地域社会の復興の要になることが期待された。

第二に、第一の点と矛盾しているようにみえるが、地域社会から相対的には切り離されて存立している学校の意義が認識された。当時中学一年生だったSさんは、震災直後の様子について次のように語っている。

震災の日は中学校に泊まって。…そっからばあちゃんちにいった。電気もないし、みんなと会えないし。テレビ見れないし、寒いし。しかも、ばあちゃんとじいちゃん亡くなるし。たまに、小学校で、集まって、みたいな日が一日、二日ぐらいあって。なんか、めっちゃうれしかった。学校に集まれて。こんなに学校っていうところは幸せなんだなって思いました。（松田 2020a：6）

震災に翻弄される子どもたちにとって、学校は過酷な日常から距離をとり、自分自身の時間を取り戻す空間となった。

第三に、教師－生徒間関係の枠付けの弱まりである。ある教師は震災直後の子どもとの関係について次のように語った。

震災直後はすごく生徒（と）の距離が近くて、同じ生活者として、そういう立場で教職員も話ができたんじゃないかなと思います。……家のお仕事を、水くみ以外に何をやっているとか、これで大変だったとかっていう、同じ土台にたっての生活者としてのレベルですごく話ができて。（堀 2013：114）

震災直後の学校で、子どもと同じ目線で、自分たちの生活について語り合えるようになった経験がこの教師に強い印象として残っていることがわかる。

以上からは、震災による伝統的リスクによって、脱文脈指向ペダゴジーをベースにした教育システムの通常の統制が弱まり、学校現場が自律的な活動を展開する余地が創出されたことがうかがえる。震災直後の危機的な状況下であったからこそ、逆説的に、将来のことをいったん括弧にくくり、また外部から視線を気にすることなく、教師は目の前の子どもとの関係に専念できた。それが震災直後の学校が教師に解放感を与えた理由であり、この経験は、教師たちに「震災前と震災後が同じ学校であっていいわけがない」という確信をもたせ、文脈指向ペダゴジーの創出を目指させるものであった（松田 2020a）。

（２）学校の急速な回復と現代型リスクへの対応

○学校と地域社会の分類の強まりと脱文脈指向ペダゴジーの強まり

発災直後の非日常的なリスクに直面していた状況が終わると、ある程度の学校的日常の回復がなされたが、それは地域社会の回復に先行していた。たとえば、筆者が参与観察をしていたＢ中学校では2012年６月の時点で既に、近隣の小学校に間借りしつつ、ある程度通常通りのカリキュラム運営がなされていたが(2)、市域はいまだ数多くの工事車両が行き来する状態にあった。震災前の経済水準に戻らない家庭は少なくなく、仮設住宅から通う子どもたちも多かった。結果的に、地域社会と学校との境界は再度強まることとなる。

さらに従来型の脱文脈指向ペダゴジーへの回帰を強力に押し進める力も働いた。宮城県教育委員会は、震災直後から「授業時数の確保」を最優先し、土日の授業も可能にするという指示を被災学校に下した（徳水 2018：24)。宮城県と比べれば学校現場の判断を優先した岩手県でも（佐藤 2013)、同様のことは生じた。震災当時、沿岸部の中学校長だったＡ氏は、慰問を積極的に引き受け、震災で傷つけられた子どもたちにたくさんの思い出をつくることを重視する学校づくりを展開していたところ、2012年度に内陸部から新しい教育長が着任すると市の教育方針として学力向上の方針を掲げられ、愕然としたという。学校現場から距離のある教育行政は、後述するような現場の現代型リスクとの格闘を軽視し、通常のカリキュラム運用を求めた。震災直後のリスク時が終われば、学力向上こそが子どもの将来的なリスクを低減させると捉えた。

○文脈指向ペダゴジーを創出する教師たち

他方で、震災後２-３年後ごろまでは、学校的日常への急速な回帰に戸惑いや違和感を覚える教師も多かった。震災を経験した子どもたちの発達をめぐる課題はいまだ克服されていないと考えたからである。先述した学校的日常への回帰を強調する教育行政のリスク管理のあり方が、リスク時と日常時を明確に区分する伝統的リスク観に根ざしているのに対し、それに違和感をもつ教師たちは、震災ならびにそれにともなう生活環境の変化に子どもたちはヴァルネラブルであり、簡単には表面化されない影響が身体に刻印されているものとみなすなど現代型リスク観に根ざしていた。当時の教師たちは、被災地の子どもの成長／発達に課題を見いだそうとするだけでなく、その課題の克服は自分たちの教育活動に委ねられていると認識していた。震災で家族を失ったこと、自宅を失ったこと、狭い仮設住宅で我慢して暮らさなければならなかったこと、身体を動かす機会にめぐまれなかったこと。教師たちは、震災による生活環境の変化に言及しつつ、子どもたちの発育にいかなる影響を与えているのかに思い巡らせていた。震災後の日常生活のなかに子どもが危機に陥る可能性が伏在していると考え、そうした子どもが抱える困難にいかに取り組むべきであるのかを思案した。

こうした責任感にもとづく子どもへの関わりは、脱文脈指向ペダゴジーに覆われつつあったカリキュラムの外部で、慎重に、いわば個人的な関わりの範疇でなされることも多かったが、沿岸部で震災を経験した教師たちの中には、被災地の現実をカリキュラムの中に取り込んで実践を展開する姿勢が強かった。もちろん、震災問題に正面から取り組んだ実践は、子どもの心身に負担をかける可能性があるという意味ではリスクそのものである。特に家族を亡くした子どもたちは、震災経験がトラウマとなっている可能性が高いからである。しかしながら、当時の教師たちの中には震災を同じように経験した自分たちだからこそ、子どもたちと震災について語り、思いや理解を共有することができると考え、それを使命と考えた。そうした教師たちに後押しされて、震災当時沿岸部にいなかった教師もまた、子どもたちと震災経験をどのように共有できるかに思いを巡らせた。震災に関わる作文を書く機会をつくったり、折に触れ震災に関わる教師自身の思いを語ったり、子どもたちを抑圧しないように最大限に配慮しつつ、子どもたちが内面に抱えこんでいるかもしれない震災への思いを言葉にし、仲間と共有するための試行錯誤を重ねた。リスクはあっても、震災経験を癒やし、たがやすことで成長へとつなげることが必要だと考えた。

また、子どもたちから自分たちが暮らす地域に、そして被災地域を越えて非被災地に発信する取り組みが展開された。震災後、支援の受け手にならざるをえなかった子どもたちに主体性を回復させることが必要だと考えたからである。参与観察をしていたA中学校では、東京への修学旅行時に支援を得た在京の企業や団体を訪問し、謝意を伝えるのはもちろん、被災地の状況とともに、災害が起きたときに何をすればいいのかを伝え、そして最後に、自校の演舞をつけながら、大きい声でエールを送った（松田 2020b：102)。

こうした実践は、脱文脈指向ペダゴジーの回復に重点をおく教育行政から推奨されていたわけではなく、そのための時間や資源は保障されていない。実践が上手くいくとは限らず、教育上のリスクを自ら背負い込むものでもある。しかしながら、自らの震災経験をふまえた上での教育実践上の確信が、外部から観察されたとしてもそのリスクを正当化できるという自信を担保し、その認識が教師の間に一定程度共有された。日常的な業務に追われる中で、教師たちが時間と資源をやりくりしながら、主体的に取り組むことでかろうじて成立させていたペダゴジーでもあった。

（3）文脈指向ペダゴジーの弱まり

2010年代半ば以降の被災学校では、（2）でみたような震災問題に取り組む指向性は弱まった。そこには３つの背景があった。

第一に、筆者が観察していた中学校では、新校舎への移動も完了し、学校環境だけをみれば復旧はほぼ完成し、震災後数年間は頻繁にあった外部からの震災慰問も少なくなった。被災学校として意識させられる機会は少なくなった。

第二に、当然のことだが、教師や生徒が大幅に入れ替わった。震災直後の学校を経験している子どもたちは卒業し、小学校には震災後に生まれた子どもが入学し始めた。また、震災問題に取り組んできた教師たちが転出し、内陸から異動してきた教師たちが増加した。その結果、子どもと教師との震災経験の共有を前提とした教育実践の展開は困難になった。そこには、被災状況の個人化が進んだことも関わっている。例えば、震災直後は同じように仮設住宅で暮らした中でも、早々に自宅を再建した家庭、災害公営住宅に移動した家庭、仮設住宅の暮らしが長引いている家庭などさまざまに分岐した。被災による生活困難は一様ではなくなり、現在の生活状況の要因を直接的に震災に結びつけ理解することが難しくなった。その結果、震災問題に取り組む教育については、その意義よりもリスクの方が強調されるようになった。

新しく内陸部から異動してきた教師たちが震災に無関心であったわけではないが、震災に関わる実践には積極的ではなかった。内陸部では「復興教育」に取り組んでいたが、被災学校では難しいと語る教師は少なくなかった。子どもの震災経験を重く受け止めるからこそ、沿岸部での震災経験のない自分たちが安易に震災を話題にし、精神的な負荷を子どもたちに与えることに躊躇した。

もっとも、学校の教育活動が震災と全く無関係になったわけではない。特に学校の外部から被災者役割が期待されるときに、子どもたちが震災に関わるパフォーマンスをすることもあったが（松田 2020c）、こうした活動に「このこたちはいつまで「震災を経験した子どもたち」って言われ続けるのかな」と戸惑う教師もいた。震災に関わるパフォーマンスが、子どもたちの日常と乖離して、ステレオタイプ化していることへの違和感であった。いずれにせよ、震災に踏み込んだ実践は低調となり、教育システムの要請に適応することを重視する選択がなされ、また、現場にそれ以上のことをする余裕はあまりなかった。もちろん、子どもたちへのケアに無関心になったわけではなく、例えば、教師達は、震災で家族を亡くした子どもたちのことは常に気にかけていた。しかしながら、そうした子どもへの関わりは、あくまで授業外での個別的なケアに終始しており、それらをカリキュラム上の課題として位置付けることはなくなった。

3．被災学校のペダゴジーを規定するもの

以上、東日本大震災後の被災地の学校では、一時的に文脈指向ペダゴジーが隆盛するも、次第に脱文脈指向ペダゴジーに覆われつつある。なぜこのような変化が生じたのか。特に、東日本大震災発生直後の「伝統的リスク」後に、教師たちが「現代型リスク」を認識するようになっていたにも関わらず、現代型リスクへの取り組みとして欠かせない文脈指向ペダゴジーが弱まったのはなぜか。学校現場の文脈指向ペダゴジーの選択を抑制する３つの要因を説明する。

（1）現代型リスクの外部化：学校カウンセラーとの分業

東日本大震災後の政策では、災害にあった子どもへの心理的なケアが重視された。震災直後から全国各地のカウンセラーが派遣され、また、学校カウンセラーの加配もなされた。現地の学校カウンセラーによれば、当初はカウンセラーに警戒心のあった教師たちも（松田 2013：58-60)、震災後の経験を通して気軽に学校カウンセラーを「活用」できるようになり、相談件数が増加する傾向にある（松田 2020c：205)。学校カウンセラーの増加は被災地に限らず、全国的な傾向である。文部科学省の被災地対応は、2000年代初頭からの学校教育の心理主義化（伊藤 2005）の流れの中でつくられてきた。

カウンセリングに関わる知識も教師に一定程度浸透した。冨永（2012）によれば、阪神・淡路大震災時には被災当事者に被災体験をできる限り早く語らせ、感情をはき出させるディブリーフィングが用いられていたが、その後この技法の効果に疑問が付され、東日本大震災時にはその使用が否定されている。むしろ子どもの安全・安心を確保した上で、子どもの無理のない語りを傾聴することの意義が重視されている。この点に関わって、震災については教師から働きかけるのではなく、子どもが語りたくなったときに丁寧に聞くべきだと考える

教師は少なくなかった。

その一方で、一部の教師たちは、困難な子どもへの対応が学校カウンセラー頼みになり、取り出しでの個別的なケアに終始しつつあるという懸念を持った。以前は教師の当然の職務だと考えられていた子どものケアをめぐる判断もカウンセラーに依存しがちであるという。また、教師が子どもの困難を丸抱えするのではなく、日常的な教師－生徒間のコミュニケーションにおいてはその問題をいったん括弧にくくり、別途個別にケアがなされるべきだと考えられつつある。

学校カウンセラーの活用は、リスクと日常とが混在した現代型リスクを前に、その対処領域の腑分けを意図するものであり、教育実践上のリスク管理としても、子どもの心のリスク管理としても一定程度合理的である。ただし、その結果、子どもの困難が教室での実践と切り離され、子どももまた教室を自分の困難を語る場としては認識しなくなる。また、震災後の子どもの困難を個人的困難として捉え、その困難の共有を模索する実践は停滞する。現代社会においてはリスク管理が専門家に独占され、直接的な経験の意義が低下し、当事者が「管轄外」になる事態（小松 2013：123）が生じているが、子どもと日々関わる教師が「管轄外」になるという意味で、学校教育でも同様の現象が生じつつある。

（２）教師のリスク選択への躊躇：専門職自治の弱まり

教育行政に対する学校の自律性が弱まり、震災に関わる文脈指向ペダゴジーの創出が困難になった。1980年代頃までならば、学校や教師の裁量による地域復興に根ざした教育実践の展開は比較的容易だった。教師の専門職性が一定程度維持され、教育に関わるリスクの判断は基本的に教師たちに委ねられていたからである。しかしながら、社会の「個人化」が専門職自治を瓦解し、子どもや保護者は教育リスクを教師に一任できなくなった。これは日本に限らず、現代社会に共通した変化である。その結果、教師の仕事のあり方に対して、社会的に厳しい視線が向けられるようになっている。

さらに1990年代以降の日本の教育改革は、保護者や子どもの教育要求を公教育不信に転換し、学校現場への管理統制を強化してきた。作成すべき書類の量は増加し、教師は多忙化している。また、全国学力・学習状況調査の導入以降、基礎学力の定着も強く要求されている。一見すると文脈指向ペダゴジーとつながるかのようなアクティブラーニングが推奨されるが、あくまで既存の教科の枠内で実施され、教育内容編成をめぐる教師の裁量はむしろ低下しつつある。教育行政は、教師への統制を厳しくすることで、教育上のリスクを低下させようとしているのである。

以上のように教師が教育上のリスクを引き受け、文脈指向ペダゴジーを展開することが困難になっている。教師たちの多くは、教育システムからの要請の範疇に自らの教育活動をとどめることで、その責任をシステムに帰属し、自らを教育実践の「決定者」として位置付けることに慎重になっている。

（3）地域コミュニティの弱まりと文脈指向ペダゴジーの困難

被災地の再生を支える施策が脆弱であったことも、教師が文脈指向ペダゴジーを展開できなかった一因である。

震災後、1990年代以降の地方分権改革で財政力が低下していた自治体が、補助金目当てで公共土木施設の復旧に傾斜した結果、コミュニティベースでの住居移転が進まず、市民の生活再建は遅れた（中澤 2019）。また、仮設住宅での生活が前代未聞の規模で長期化した（宮田他 2020）。人口流出も進み、震災以前と比較し、震災後の地域コミュニティは脆弱化している。

震災後、沿岸部の若年労働市場の求人数は増加し、高校就職機会は拡大したものの、地元沿岸部での就職指向は強まっていない。復興事業による求人数増加が多く、復興事業終了後の雇用を見通せないからである。震災による経済的損失を踏まえれば、大学進学率は減少して然るべきだが、少なくとも減少傾向になく、特に進学校は大学進学率が上昇している（妹尾・松田 2021）。沿岸部の高校の進路指導担当教員によれば、震災後地域貢献を目指す生徒は少なくないが、その受け皿がないことが大学進学率指向に向かわせている。

この状況下で、震災を正面に据えた文脈指向ペダゴジーの追求は容易ではない。進学指向の子どもや保護者は、テスト学力重視の脱文脈指向ペダゴジーの充実を求めるからである。文脈指向ペダゴジーは、教科カリキュラムと切り離された文化祭や体育祭などの特別活動領域に限定せざるを得ない。また、文脈指向ペダゴジーは、そこに肯定すべき地域社会が存在しないと成立しにくい。無論、厳しい社会的現実に触れずに地域社会を肯定するだけの教育は、その地域を生きる子どもの感覚から乖離する。ある被災地の教師は「安直な展望を語る」のではなく、自分の地元に「今現在どのような人がいて、どのような人が働いて、どのような問題を抱えているのか」を徹底して学ばせ、地元の将来をリアルに展望できる子どもを育てたいと語る（松田 2020d）。しかし、それは容易ではない。「問題」の取り上げ方によって、地域社会で生きる人々との間に摩擦が生じるからである。地域から支持される文脈指向ペダゴジーの展開には、入念な教材研究に加え、地元との関係づくりも必要で、相当程度の労力が求められる。しかし、それを可能にする条件は、現在の被災地の学校に保障されていない。

4．被災地のペダゴジーをどうつくるか

（1）脱文脈指向ペダゴジーへの傾斜は何をもたらすか

以上、東日本大震災後の被災地の学校のペダゴジーの変化を、災害リスクへの対応という視点から検討した。明らかになったことは、震災後、被災学校が直面するリスクは伝統的リスクから現代型リスク、すなわち子どもの成長／発達に関わるリスクへと移行しているにも関わらず、現代型リスクに適う文脈指向ペダゴジーの成立が徐々に困難になったことである。興味深いのは、教師たちの多くは、現代型リスクを重視しているからこそ、教育リスクとしては外部化し、主として学校カウンセラーなどの専門家に判断を委ねるという、リスクの棲み分けをしていることである。その結果、現代型リスクを媒介に、学校の復興と地域の復興とを重ねながらその課題を共有するという、災害直後に期待された学校の役割を全うすることは難しくなっている。

こうした対応が個々の子どもの内面への侵襲を避けるために必要であり、リスク対応としても一定合理的であることは間違いない。とはいえ、現代型リスクへの対応を教育の外部に位置づけ、教育による子どもの内面への侵襲を避けたとしても、被災地の子どもの発達・成長の困難可能性は消失しない。また、子どもの内面への侵襲だけでなく、困難を抱えた子どもの孤立化も回避する必要がある。学校カウンセラーによる個別対応の充実は必須であるが、同時に、子どもが抱える困難を丁寧に共有し、公的な課題として位置付けることも必要である。仮に学校が現代型リスクの共有という課題から手を引くのであれば、学校の外部でそれが可能となる場があることが求められる。既述のように、復興事業はコミュニティ形成に寄与しておらず、子どもを支える地域ネットワークは脆弱化している。被災地支援の団体・NPOの参入はあるが、安定した財政的基盤にはない。学校外部でのリスク対応がなければ、子どもの現代型リスクはより一層深刻化し、結果的に、学校内部で顕現化することにもなる。

（2）文脈指向ペダゴジーの創出条件

発災直後の緊急時のような伝統的リスクを低減させるための防災教育は、一定程度のマニュアル化が可能であり、脱文脈指向ペダゴジーとしても成立する。防災教育が拡がりやすいのはそのためである。とはいえ、東日本大震災で明らかになったのは、人々が生活する文脈を抜きにして避難や防災は困難であるということだ。手近な例でも「逃げ地図」のような地域の文脈に即した防災教育が実施されるのは、そのためである。伝統的リスクへの対応の典型である避難訓練においても、子どもたちの生きている現実に即した文脈指向ペダゴジーが求められており、実際にそうした取り組みが始まっている(3)。

一方、現代型リスクに適った文脈指向ペダゴジーの創出は決して容易ではない。その理由は、第一に子どもが教室の中に自らの生活の文脈を持ち込む度合いが強くなることにある。それにより、教師が予期せぬかたちで現代型リスクが教室での出来事として現出する可能性が増加するからである。教師には、その時々の状況に応じた定型的ではない対応が求められるが、出来事への対応如何によって、子どもの困難は一層深まる。第二に、文脈指向ペダゴジーの場合、震災で家族を亡くすなどなどのトラウマを抱えている子どもとそうでない子どもとが同じ空間で震災を語り、学ぶ機会が増えることになる。こうした子ども間の差異が顕在化せざるを得ない取り組みは、対話にも分断にもつながる。震災後の子どもをケアする技法は一対一対応が基本で、（ピアグループとも異なる）多様性を前提とした集団でケア的な関係を創出する教育技法は未だ蓄積されていない。以上のように、現代型リスクに取り組む文脈指向ペダゴジーは、教育上のリスクを抱え込まざるをえない。

しかしながら、こうしたリスクは必ずしも回避するべきものではない。ビースタ（Biesta 2016）が指摘するように、開かれた、予測不可能な教育にはリスクが伴うが、そのリスクこそが自由な主体の創出に欠かせないからである。実際に、本稿でも見たように被災地の教師たちは、現代的リスクを抱えた子どもたちと丁寧に対話しながら、その主体性を回復すべく試行錯誤を重ねてきた。であるとするならば、問われるべきは、教師たちがその試行錯誤に取り組みつづけることを可能にする条件が創出できているか否かである。教師に対する不信や責任追及が強いままでは、教師は教育実践上伴うリスクと認識しても、それを引き受け、教育の「決定者」となることを躊躇するだろう。災害リスクを低減させる学校づくりだけでなく、災害リスクに対応するために不可避の教育リスクを学校や教師が引き受けることができるシステムの創出が求められる。これは第一義的に公教育全体に関わる教育政策の課題である。

注

（１）調査対象となった中学校の記述は、断らないかぎり、清水他編（2013）、清水他（2020）に依拠している。

（２）グラウンドや体育館が使えないため、運動会や文化祭などの実施には一定の制約があったものの首尾良く実施した。2011年度中からバスをチャーターし、利用可能な体育館やグラウンドまで移動し、部活動を続けた。

（３）筆者が知っている中では、2019年10月30日の公開研究会にて参観した釜石市立鵜住居小学校の防災教育実践はその点を強く意識していた。

参考文献

・Bernstein, Basil（1996）*Pedagogy, Symbolic Control and Identity: Theory, Research, Critique,* London Taylor & Francis Ltd.（＝2000年、久冨善之・長谷川裕・山崎鎮親・小玉重夫・小澤浩明訳『〈教育〉の社会学理論――象徴統制、〈教育〉の言説、アイデンティティ』法政大学出版局）

・Biesta, Gert（2016）*The beautiful risk of education*, Routledge, Taylor & Francis Group.

・堀健志（2013）「被災地の学校教育の現在を捉え直す」清水睦美・堀健志・松田洋介編『「復興」と学校――被災地のエスノグラフィー』岩波書店、pp. 97-126。

・伊藤茂樹（2005）「学校教育における心理主義――批判的検討」『駒澤大學教育学研究論集』21号、pp.5-18。

・数見隆生編著（2011）『子どもの命は守られたのか――東日本大震災と学校防災の教訓』かもがわ出版。

・小松丈晃（2003）『リスク論のルーマン』勁草書房。

・小松丈晃（2013）「リスク社会と信頼」今田高俊編『社会生活からみたリスク新装増補』岩波書店、pp.109-126。

・久冨善之・長谷川裕・福島裕敏編著（2018）『教職の責任と倫理――経年調査にみる教育文化の変容』勁草書房。

・松田洋介（2013）「被災学校における「非日常」と「日常」」清水睦美・堀健志・松田洋介編『「復興」と学校――被災地のエスノグラフィー』岩波書店、pp.39-68。

・松田洋介（2020a）「震災から学校をとらえなおす」清水睦美・妹尾渉・日下田岳史・堀健志・松田洋介・山本宏樹『震災と学校のエスノグラフィー――近代教育システムの慣性と摩擦』勁草書房、pp.1-27。

・松田洋介（2020b）「被災地で統合中学校をつくる」清水睦美・妹尾渉・日下

田岳史・堀健志・松田洋介・山本宏樹『震災と学校のエスノグラフィー――近代教育システムの慣性と摩擦』勁草書房、pp.94-119。
・松田洋介（2020c）「変わりゆく被災地の学校文化」清水睦美・妹尾渉・日下田岳史・堀健志・松田洋介・山本宏樹『震災と学校のエスノグラフィー――近代教育システムの慣性と摩擦』勁草書房、pp.189-227。
・松田洋介（2020d）「教師の被災経験が学校にもたらすもの」清水睦美・妹尾渉・日下田岳史・堀健志・松田洋介・山本宏樹『震災と学校のエスノグラフィー――近代教育システムの慣性と摩擦』勁草書房、pp.254-283。
・宮城孝・山本俊哉・神谷秀美・陸前高田地域再生支援研究プロジェクト編著（2020）『仮設住宅その10年――陸前高田における被災者の暮らし』御茶の水書房。
・中澤秀雄（2019）「公共土木施設「復旧」に回収されるまちとくらしの再生――宮城県気仙沼市・岩手県陸前高田市を中心に」吉野英岐・加藤眞義編『震災復興と展望――持続可能な地域社会をめざして』有斐閣、pp.92-127。
・佐々木宏記（2013）「なぜ夏祭りを学校でやるのか――岩手沿岸部における学校と復興教育」教育科学研究会編『３・11と教育改革』かもがわ出版、pp.55-69.
・佐藤修司（2013）「岩手・宮城・福島における教育復興と教育行政・学校」教育科学研究会編『３・11と教育改革』かもがわ出版、pp.108-125。
・妹尾渉・松田洋介（2021）「被災地の進路選択」『第６回震災問題研究交流会報告書』pp.59-64。
・清水睦美（2013）「学校再開のプロセス」清水睦美・堀健志・松田洋介編（2013）『「復興」と学校――被災地のエスノグラフィー』岩波書店、pp.11-38.
・清水睦美・堀健志・松田洋介編（2013）『「復興」と学校――被災地のエスノグラフィー』岩波書店。
・清水睦美・妹尾渉・日下田岳史・堀健志・松田洋介・山本宏樹（2020）『震災と学校のエスノグラフィー――近代教育システムの慣性と摩擦』勁草書房。
・徳水博志（2018）『震災と向き合う子どもたち――心のケアと地域づくりの記録』新日本出版社。
・冨永良喜（2012）『大災害と子どもの心――どう向き合い支えるか』岩波ブックレット。

（大東文化大学）

特集１：教育の危機管理と復興・支援

ステークホルダーとの協働による児童生徒の「生きる力」を高める防災教育プログラムの開発

永田　俊光

１．はじめに

2011年３月11日に発生した東北地方太平洋沖地震では、我が国の観測史上最大の巨大地震と巨大津波により、東北地方の宮城県・岩手県・福島県を中心に、死者・行方不明者が１万8,426名（2020年12月現在・警察庁）の人的被害が発生した。また、多くの学校施設も被害を受け、児童生徒や教職員も多数の犠牲者が発生した。東日本大震災と命名された地震津波災害は、世界的にも例を見ない未曽有の大災害として、震災から10年目を迎える2021年に於いても、被災地域を中心とした復興・創生施策と防災・減災対策が推進されている。一方で、近年の我が国では、地球温暖化に伴う気候変動の影響も一因となり、これまで経験したことのない集中豪雨や台風等による大規模な気象災害も相次いで発生し、多くの人命が失われている。

多数の犠牲者を出した自然災害の教訓を忘れず、今後も懸念される気象災害の頻発・激甚化や南海トラフ巨大地震等の大規模災害に備えるためには、ハード対策に加えて、国民一人一人が、日頃から災害への備えを行い、災害時に適切な対応によって被害を抑止・軽減できるような防災教育・防災訓練などのソフト対策の両方を効果的に推進することが重要である。特に、自らの命は自らが守る「自助」、地域コミュニティーなど地域全体で守る「共助」の意識を一人一人に根づかせ、向上させながら「防災意識社会」を構築していく時代になっている。

本稿は、学校教育における防災教育に焦点を当て、まず東日本大震災以降の防災教育の現状と課題を整理した。その上で、自然災害を具体的にイメージすることが難しい子どもたちが、様々な自然災害の正しい知識を習得し、自分の命を守る「生きる力」を高めるための防災教育プログラムを提案する。また、これまでの研究から得た知見をもとに、学校を中心としたステークホルダーとの協働による効果的な防災教育のあり方を論じる。

2．東日本大震災以降の防災教育

東日本大震災以降、自らの命を守るための防災教育の必要性が教育関係者により一層認識され、我が国における防災教育の方向性が大きく変化した。文部科学省（以下、文科省）は、「東日本大震災を受けた防災教育・防災管理等に関する有識者会議（2012年）」(1)を設置し、震災後の防災教育の考え方と施策の方向性として、「自らの危険を予測し、回避する能力を高める防災教育の推進」を学校現場に示し、日常生活においても状況を判断し最善を尽くそうとする「主体的に行動する態度」の重要性を述べた。その後の文科省は、「『生きる力』を育む防災教育の展開（2013年）」(2)や「『生きる力』をはぐくむ学校での安全教育（2019年）」(3)等の指針を学校現場に示しながら、防災教育の充実を全国の教育行政や学校現場に働きかけている。

一方で、「防災教育チャレンジプラン」や「1.17防災未来賞『ぼうさい甲子園』」、「小学生のぼうさい探検隊マップコンクール」など、国や防災専門家と学校現場が連携し、防災教育の実践を支援する取組が推進されている。さらに、国や防災関係機関、防災専門家らによって、防災教育用の教材やリーフレット、防災教育用ゲーム等の開発が進められており、防災教育という大きな枠の中で、多種多様な学習ツールが学校現場に提案されている。

しかしながら、東日本大震災以降の学校現場の実態を概観すると、様々な教育活動としての取組が行われているが、学校間・地域間での取組内容や教員の意識の差も大きく、教育課程全体として継続した取組になっていないなどの課題が浮き彫りになっている(4)。筆者は、これまでの研究活動において、学校現場の教員らは授業時間数の増加や業務の多様化による多忙の中で、教育行政が示した指針等をもとに、どのように防災教育を授業として成立させればよいのか、どうすれば意義ある効果的な防災教育を行うことができるのか等、防災教育を実践する難しさを実感しているといった声を多く聞いてきた。

これらの課題は、防災教育が単独の教科として位置付けられていないことが要因の一つと捉えられる。これまでの教職課程の必要単位としては防災教育を専門に学ぶ単位はないため、そもそも教員は一般的な知識として自然災害に関する知識は知っているものの、防災に関しての知識や経験に大きな個人差がある。また、防災教育は扱う対象が非常に多岐にわたるため、教員が防災教育を実践するための教材も不足している。さらに、年間指導計画の限られた授業時間の中で、教科でない防災教育の時間を確保することも難しいなど、防災教育に対する社会的な期待と現場教員のおかれた現況の間に乖離がある。

新学習指導要領では、従来通り、防災教育は単独の教科に位置付けられていないが、各教科の中で自然災害や防災に関する単語・文言が散見されるようになった。また、防災教育を含む安全教育を充実させるため、教科等横断的な教育とカリキュラム・マネジメントによる効果的な学習を行うことが学校運営に求められている。しかし、防災教育として具体的に何を取り上げ、どのように教育活動で実践するのか、どのように評価をするのか等、教員が授業を展開するための具体的な指針や展開事例は記載されていない。

東日本大震災から10年が経過する学校現場では、教員らが試行錯誤を繰り返しながら防災教育に取り組んでいる状況が見られるが、多くの学校では、シナリオに沿った避難訓練が唯一の防災教育になっているという実態を課題として捉えなければならない。次世代を担う子どもたちが災害から命を守る「生きる力」を向上させるためには、学校教育における防災教育の充実が急務であり、教員が教科科目と同じように、体系的な防災教育を実践できるように、防災専門家や教育行政が連携した取組を推進して支援していくことが必要である。

３．体系的な防災教育を実現させる防災教育プログラム

（１）防災教育プログラムの概要

筆者は、これまで、災害を具体的にイメージすることが難しい小学生や中学生が、様々な自然災害の正しい知識とスキルを習得し、自らの危険を予測し回避する対応力を身に付けるための防災教育プログラムを開発してきた。

同プログラムは、現在の科学技術でも予知・予測が困難である「地震災害」を核として、「火山噴火災害」と「竜巻災害」のマルチハザードに対応したものであり、科学的な実践検証によって、有効性も評価している。

防災教育プログラムは、新学習指導要領における「主体的・対話的で深い学び」（アクティブ・ラーニング）の視点を取り入れ、教科学習と同じように体系的に学ぶための、単元構成図・学習指導案・ワークシート・授業補助資料・対応行動訓練プログラム・質問紙（効果測定用）で構成されている。

防災教育の視点から、災害発生時のある問題を認識（認知）し、問題解決に向けた行動目標を決定（判断）し、それを阻む課題を発見し、その具体的な対

図1　ステップ学習による行動のパッケージ化

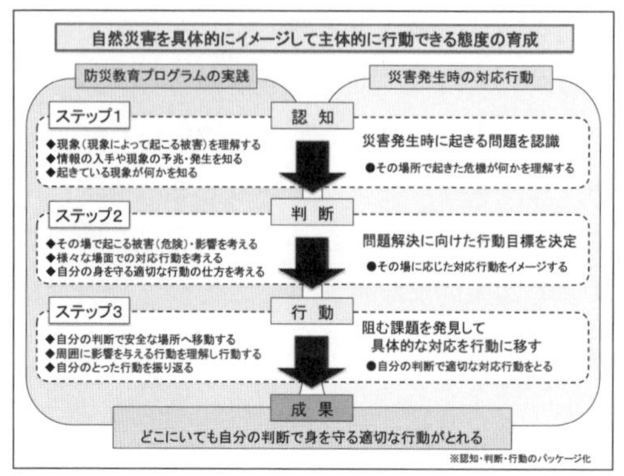

応を行動に移す（行動）、という「認知→判断→行動」という心理過程のプロセスをパッケージ化している。児童生徒が主体的に行動する態度の育成がねらいである。また、プログラムで設定する学習目標を達成させるため、どのような単元を構成し、どのような指導展開で実施・評価・改善していくのか、災害発生時の対応行動に学習をリンクさせ、具体的かつ体系的に防災教育を展開する仕組みとして、3ステップの学習形態に明確化した（図1）。

プログラムの開発手法は、学習理論であるインストラクショナル・デザイン（ID）理論におけるアディー（ADDIE）プロセスを採用した。ID 理論(5)は、教育学・心理学・教育工学における理論であり、「教育活動の効果・効率・魅力を高めるための手法を集大成したモデルや研究分野、またはそれらを応用して教材や授業などの学習環境を実現するプロセス」と定義されている。また、ADDIE プロセス(6)は、学習の目的や学習者、教育現場の課題、教育の実践内容、実践に必要な知識等、授業や訓練を行う学習目的や要件を洗い出し、分析（Analysis）→設計（Design）→開発（Development）→実施（Implementation）→評価（Evaluation）のサイクルを回すことで、より効果的な教材作成につなげていくという考え方である（図2）。プログラムの開発では、実践検証で明らかになった、学習目標の達成度、学習方法や教材の問題点等を、必要に応じてそれぞれのフェーズにフィードバックし、プログラムの教育効果を高めるための改善を繰り返

図2　アディープロセス（Addie Process）

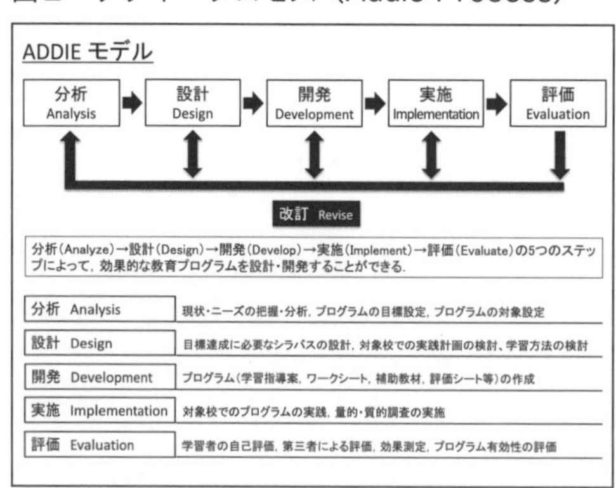

分析 Analysis	現状・ニーズの把握・分析，プログラムの目標設定，プログラムの対象設定
設計 Design	目標達成に必要なシラバスの設計，対象校での実践計画の検討、学習方法の検討
開発 Development	プログラム（学習指導案，ワークシート，補助教材，評価シート等）の作成
実施 Implementation	対象校でのプログラムの実践，量的・質的調査の実施
評価 Evaluation	学習者の自己評価，第三者による評価，効果測定，プログラム有効性の評価

した。

プログラムの教育効果を評価するため、学習目標の達成度を直接的に確認することができる一般的な評価手法であるカークパトリックの４段階モデル(7)のうち、学習到達度（レベル２）に加えて、行動変容度（レベル３）の理論を採用した。また、プログラムの実施前後で、学習目標の達成度を数値化することにより、児童生徒が身に付けた知識やスキル、行動の変容を的確に測定できるプログラムとした（図３）。

図３　カークパトリックの４段階モデル

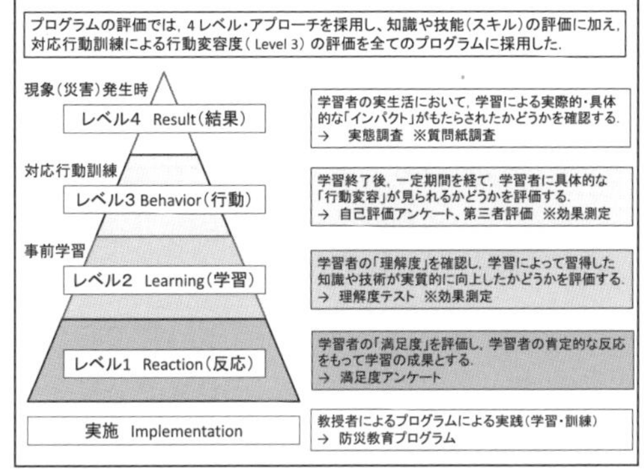

プログラムの有効性を評価する手法としては、ID 理論の研究者であるロバート M.ガニェが、「プログラムの評価は、あくまでも学習者のパフォーマンスの評価で表現する」(8)と学術的に定義している。プログラムの開発では、質問紙を用いた児童生徒（学習者）の自己評価を数値化したデータによって、プログラムの有効性を評価・分析する効果測定を採用した。対応のある t 検定と反復測定の１要因分散分析（対応あり）を科学的な分析手法として用いた。

プログラムの開発段階では、現場教員とのタイアップによって、プログラムの実施・評価・改善を繰り返しながらプログラムの精度を高めた。また、アクション・リサーチ手法によって、現場教員・教育委員会・防災専門家が緊密な連携を図りながら、複数の学校現場においてプログラムの実践検証を繰り返し、再現性・実証性も高めた。これらから、防災専門家が常に学校現場に介入することなく、教員自身が児童生徒との日常の教授学習過程の中で防災教育を実践することが可能な、自由度の高いプログラムとして一般化した。また、学校の地域性や児童生徒の学習上の実態に応じて、現場教員の創意工夫が生かされる指導ができるよう、自由にカスタマイズできる汎用性のあるファイル形式で提供している。

（２）地震防災教育プログラムの概要

本稿では、「地震災害」「火山噴火災害」「竜巻災害」のうち、我が国の防災教育の課題を踏まえて、どの学校でも実践する地震を想定した避難訓練を、防災教育の視点で実践することができる地震防災教育プログラムを紹介したい。

地震防災教育プログラムは、地震で起きる被害や緊急地震速報に関する正しい知識とスキルを習得し、緊急地震速報を認知したとき、自ら危険な場所や状況を予測し、状況に応じた判断によって自分の身を守る行動を、対応行動訓練によって身に付けるための学習プログラムである。

従来の地震を想定した避難訓練は、決められた時間に訓練開始のサイレンが流れ、「机の下に潜りなさい」という教員の声掛けによって、ヘルメットや防災頭巾を被って机の下にもぐる初期対応を行い、校内放送の指示を受けて、一次避難場所である校庭等まで迅速かつ安全に避難誘導することを目的としている。この訓練は、教員の指示によって行動できることが、児童生徒の安全・安心を確保する安全管理とし、教員の指示に従って行動することが重要だと考えられており、決められたシナリオで行う訓練の継続によって形骸化を招く傾向が見られる。また、児童生徒は、教員の指示待ち姿勢になってしまうため、主体的に行動する意識と対応力が身に付かないことが課題である。

東日本大震災以降、新しい試みとして注目を集めている防災教育として、科学技術（緊急地震速報）を利用した避難訓練があり、文科省も推奨している。

緊急地震速報とは、地震の発生直後に、気象庁が各地の主要動の到達時刻や震度を予測し、可能な限り素早く知らせ、発表する地震動の予報・警報である。子ども向けに簡単に言うと「地震による強い揺れがくる前に『気をつけてください！』と知らせてくれるチャイム」である。テレビやラジオから「ティロン・ティロン」という音とともに「緊急地震速報です。強い揺れに警戒して下さい」というアナウンスを、東日本大震災以降、多くの国民が見聞きしたであろう。

緊急地震速報は秒単位を争う情報伝達であり、気象庁が緊急地震速報を発表してから強い揺れが到達するまでの時間は、数秒から数十秒しかない。このため、緊急地震速報を見聞きした際の対応行動には迅速性が求められることから、条件反射的に対応できる行動を身に付けておくことが、自らの命を守るための安全の確保に効果を発揮する。また、仮に緊急地震速報が揺れに間に合わなかった場合でも、緊急地震速報を見聞きした際の対応行動と地震発生時の対応行動は同じであるため、緊急地震速報を受けた対応行動を体にしっかり刷り込ませておけば、地震発生時にも的確な初動対応がとれ、その後の冷静沈着な避難行動につながることが期待できる。

この緊急地震速報を利用した避難訓練では、緊急地震速報のチャイム音が訓練開始の合図となり、児童生徒はその場の状況に応じて、自らの判断で安全な場所へ移動し、自分の身を守る対応力を身に付けることができる。

文科省は、気象庁と連携を図りながら、主体的に行動する態度を育成するための効果的な防災教育手法の一つとして、緊急地震速報を利用した防災教育の学校現場への普及を推進している。筆者が支援に携わった埼玉県では、県の教育施策に緊急地震速報を利用した防災教育を位置付け、県内の全公立学校での訓練実施率は100％を達成している。また、県の学校防災マニュアルに緊急地震速報を利用した防災教育を盛り込んでいる都道府県も多く見られる。

地震防災教育プログラムは、形骸化した避難訓練を見直すとともに、児童生徒の主体的に行動する態度を育む防災教育を実践するために開発した。

開発したプログラムは、単元構成図、ワークシート、緊急地震速報対応行動訓練プログラム、質問紙（自己評価シート）で構成され、３ステップで実践する。学習の流れは、緊急地震速報の基礎的な知識を習得し、地震による物の動き方（危険）をイメージさせ、緊急地震速報を聞いた時の具体的な対応行動を考え、自分で身を守る行動の仕方を理解・習得することを学習目標とした事前学習（ステップ１）、緊急地震速報のチャイム音を訓練の合図に、「落ちてこない・倒れてこない・移動してこない」を意識して、自分の判断で自分の身を守る対応行動がとれることを学習目標とした緊急地震速報対応行動訓練（ステップ２）、緊急地震速報を聞いた場合の適切な対応行動を振り返りによって確認し、地震時には自分の判断で身を守ることの重要性を理解することを学習目標とした事後学習（ステップ３）である。また、学習目標の達成度は、質問紙を用いた児童生徒への効果測定により評価・分析が可能である。

対応行動訓練は、その場で行う一次対応行動から安全な場所への避難行動までの全過程を行う訓練と休み時間や掃除の時間などの様々な場面において、緊急地震速報を認知して一次対応行動のみを行うショート訓練を提案している。ショート訓練は、訓練時間が短く、授業時間の大幅な調整が必要ないため、年間の訓練回数を増やすことができる。また、訓練時間を予告しない、抜き打ち訓練の活用によって訓練の形骸化を軽減できる。特に、積み重ねによる対応行動の定着と地震から身を守るための意識を継続させたい小学生の訓練で効果が期待できる訓練手法である。

図４　効果測定の分析結果

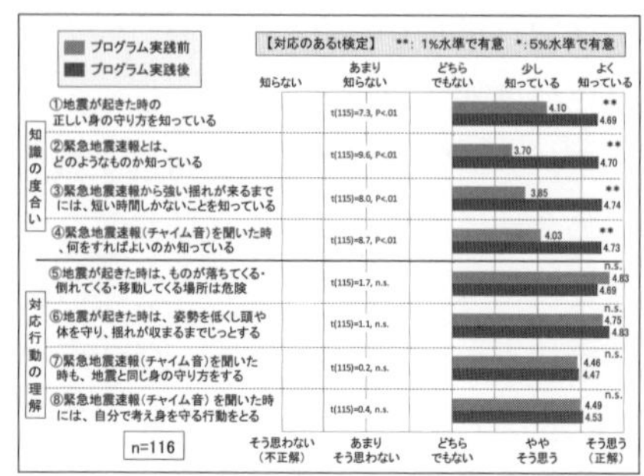

図５　反復測定の分析結果

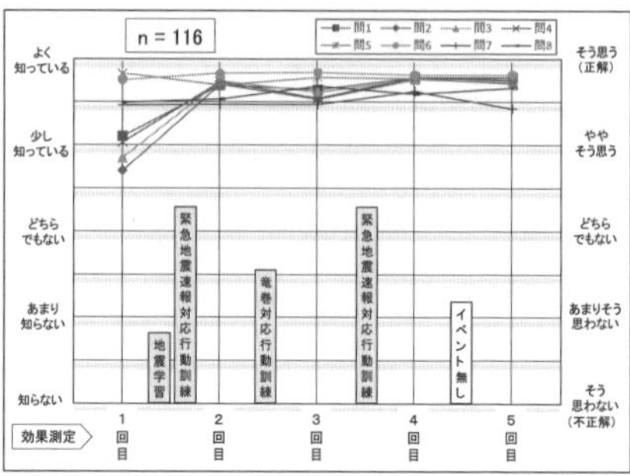

（３）学校現場でのプログラムの実践検証

防災教育プログラムの有効性を検証するため、開発段階の実践検証では、学習目標の達成度を数値化して、統計的手法を用いて科学的に評価・分析した。

図４は、栃木県の対象校（小学校）において、地震防災教育プログラムの実践による教育効果の分析結果を示す。効果測定は、プログラムの実践前後で行い、対応のあるｔ検定で分析した。分析結果から、点数の向上が低い質問項目を中心に、学習指導案やワークシートの改善を図った。図５は、訓練の継続によって、学習目標の達成度がどのように変化するのかを反復測定の１要因分散分析（対応あり）を用いた分析結果である。点数が下がった項目に注視し、その要因等を分析しプログラムを改善している。地震防災教育プログラムの検証結果と分析等の詳細は、筆者の論文(9)(10)を参照願いたい。

また、竜巻災害を対象として開発した竜巻防災教育プログラム(11)と、火山噴火災害を対象として開発した火山防災教育プログラム(12)も、地震防災教育プログラムの開発手法を用いて実践検証し一般化している。プログラムの概要や実践検証の評価・分析等、研究の詳細は筆者論文を参照願いたい。

４．障害のある子どもへの防災教育プログラムの適用

（１）特別支援学校における防災教育の現状

東日本大震災では、多くの人的被害が発生している中で、要配慮者である障害者（障害者手帳所持者）の死亡率が、被災地全体の死亡率よりも２倍近く高かったことが、障害者白書（内閣府）等で明らかになっている(13)。震災以降の我が国では、災害から命を守る事前対策や他者による支援が重要視されているが、来るべき大規模自然災害に備えるためには、障害者自身も、災害に関す

る知識やスキルを習得し、自らの命を守ることができる対応力を身に付けるためのソフト対策を講じておくことが重要である。

特別支援教育における防災教育は、「『生きる力』を育む防災教育の展開」や「『生きる力』をはぐくむ学校での安全教育」の中で、一般の学校の指導内容に準じて、児童生徒等一人一人の障害の状態、発達の段階、特性及び地域の実態等に応じて、自ら危険な場所や状況を予測・回避したり、必要な場合には援助を求めたりすることができるような指導を行うことが示されている。しかし、特別支援学校における防災教育の実態を概観すると、一般の学校と同じように、地震や火災等の避難訓練を防災教育に位置付け、毎年計画的に実施している学校が多く見られる。また、避難訓練では、訓練日時を予告して、ヘルメットや防災頭巾を被ったり、机の下にもぐるなどの初期対応を教員の指示や補助を受けて行うように指導が徹底されている。このため、障害のある子どもたちは、「教員（大人）がいつも守ってくれる」、「何かをする時には教員（大人）に頼ればいい」という受動的な意識が養われる傾向が強く、自ら考え、判断し、行動する力を育成するための学習体験が希薄になっていると考えられる。

学校現場からは、「障害があるのでできない、危ないからさせない、教員の指示どおりにできるようになればよい」といった教員の意見を聞くことが多い。また、「児童生徒の障害種別や程度によらず、学校管理下の児童生徒は、教員が常に守るべきであり、教員の指示どおりに行動することが、児童生徒の安全・安心を確保する安全管理として重要である」という考えのもとに、形式的な避難訓練が一般の学校と同じように繰り返されているのが現状である。

しかし、障害のある児童生徒が日常生活の中で災害に直面した場合、障害種別や状態によって、その場の状況に応じて自分の命は自分で守るという意識を持ち、他者の支援がなくても自分で身を守る行動ができる能力を少しでも身に付けておくことは重要である。そのような「生きる力」を育む教育は、日常生活の中で経験を重ねることは難しく、特別支援教育における防災教育の中で、子ども一人一人の的確な実態把握（アセスメント）と教育的ニーズに応じた指導・支援を充実させることで実現できるのではないかと考えている。

（2）障害に適用した地震防災教育プログラムの開発

筆者は、災害発生時には退避行動や避難行動、災害情報の入手等に困難が生じる要配慮者となる「視覚障害者」と、全国の特別支援学校で在籍率が一番高い障害である「知的障害者」に適用した地震防災教育プログラムを開発し、特

写真１　対応行動訓練・視覚障害のある児童（左：予告有・右：予告無）

別支援学校での実践検証によってプログラムの有効性を評価した。

対象校は、栃木県立盲学校と知的障害特別支援学校として、教員によるプログラムの実践と緊急地震速報を利用した対応行動訓練によって、障害のある児童生徒の行動変容を客観的な評価によって分析した。障害の状態によって自己評価が困難な児童生徒も多く、教員の的確なアセスメントによる評価のデータを数値化して、プログラムの有効性を検証した。

盲学校の評価では、学習目標の「慌てずに自分で考えて、机の下にもぐったり身を守る行動をすることができたか」について、「①自分からできた」、「②周りを見て（音を聞いて）行動できた」、「③何かしようとするそぶりが見られた」、「④教師と一緒に行動できた」、「⑤できなかった」の５段階で評価した。分析結果は、学習目標に対し「①自分からできた」の割合が、１回目訓練の48.4%から４回目訓練の80.6%へと非常に多くなり、プログラムの有効性が確認できた。教員への質的調査からも、主体的に行動する態度が育まれていることが確認できた（写真１）。研究の詳細は筆者論文[(14)]を参照願いたい。

次に、知的障害特別支援学校では、教員によるプログラムの実践と緊急地震速報を利用した対応行動訓練によって、一般の学校と同じように自己評価が可能な高等部の生徒を対象に、プログラムの実践前後で効果測定を行い、対応のあるｔ検定で分析した（図６）。分析の結果から、一般の学校で開発したプログラムを、軽度の知的障害のある生徒へ適用することが可能であることを確認した。

また、障害によって自己評価が困難な児童生徒も含めて、全児童生徒を対象とした訓練時の行動変容を教員による定量的な評価によって分析した。分析で

図６　効果測定（障害程度 B1・B2）

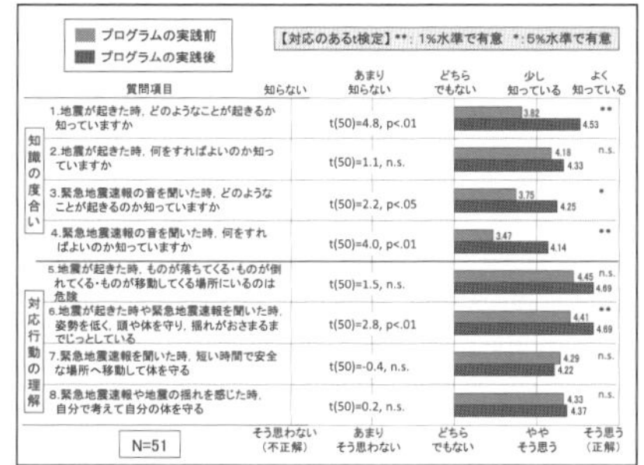

図７　反復測定（知的障害・全障害区分）

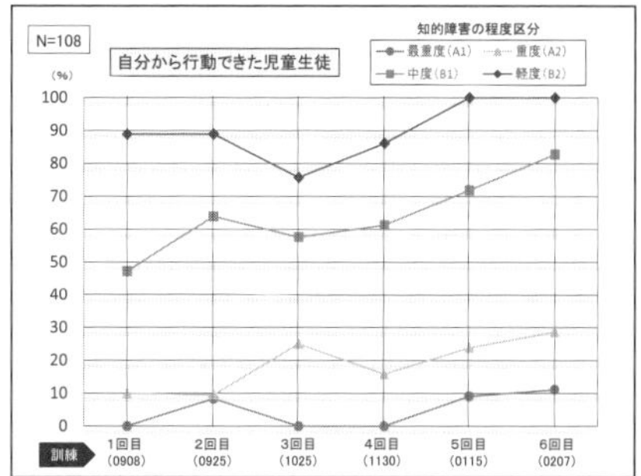

写真２　対応行動訓練・知的障害のある児童（左：１回目・右：４回目）

は、知的障害の程度区分「A1（最重度/IQが概ね20以下）、A2（重度/IQが概ね21～35）、B1（中度/IQが概ね36～50）、B2（軽度/IQが概ね51～70）」の４区分で、「自分から行動できた」の割合を分析した（図７）。６回の訓練では、３回目の訓練で点数が下がったが、初めて経験した抜き打ち訓練が要因であった。教員による定量評価と質的調査から、プログラムの実践により主体的に行動する態度が育まれていることが確認でき、プログラムの有効性を確認した（写真２）。研究の詳細は筆者の論文[15]を参照願いたい。

５．学校を中心としたステークホルダーの関わり方

我が国では、学校現場の防災教育を支援する一般的な方法として、防災専門家や国・自治体等が専門的な知見によって作成したリーフレットや視覚教材（DVD）等を一方的に提供する支援があるが、防災教育として授業展開する

には専門知識がある程度必要になる。また、防災専門家等がゲストティーチャーとして行う出前授業があるが、防災意識の高い学校からの依頼に限定されがちで、支援を受けた学校から他の学校への成果の波及は困難である。一方、教育委員会が主催する教員対象の研修を活用し、学校現場への還元も期待できるが、年間指導計画の見直しや学校内の情報共有、実践するための準備など、防災教育を新たに導入するための準備と実施までに時間を要することも課題である。

そこで、筆者は、学校現場での実践と研究成果の効果的な普及について、防災専門家や関係機関、県教育委員会との連携に加えて、実践を行う対象校や管轄する教育委員会との相互理解による取組の重要性に着目した。これを実現させるためには、県教育委員会を頂点とし、市町村教育委員会、学校・教員・児童生徒という、それぞれ独立性を持った組織構造を理解した上で、教育機関と関係機関等をつなげるハブ的な役割を担う組織（筆者）の存在によって、ステークホルダーの関わり方を意識した取組の推進が非常に有効であると考えた（図８）。学校現場での実践検証の中で、学校を中心としたステークホルダー間の横の連携をうまく機能させたことによって、実践検証を効率よく実施することができた。また、現場教員とのボトムアップで開発した防災教育プログラムを、教育行政からトップダウンで学校現場に提供する等、防災教育の効果的な普及としてステークホルダーの役割は重要である。

図８　ステークホルダーの関わり方

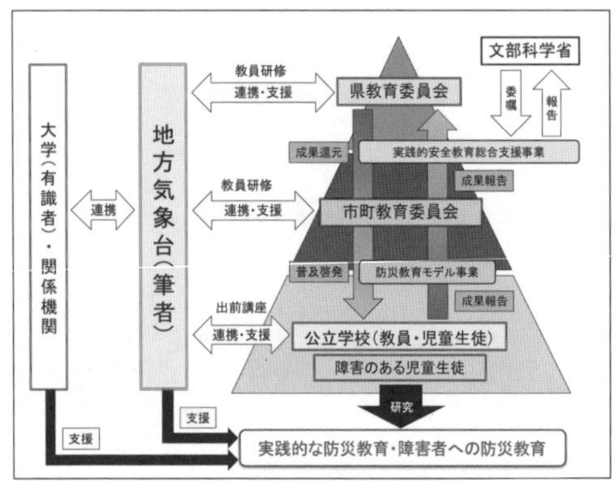

６．防災教育を教科化する先進的な事例

筆者の研究成果の一つは、全国でも例のないマルチハザードに対応した「防災教育の教科化」の実現に寄与できたことである。

筆者が防災教育を支援した栃木県那須町では、支援以降も独自に防災教育の取組を町全体で継続し、那須町の方針として防災教育を新教科に位置付ける「教育課程特例校」の申請を文科省に提出し2018年度に承認された。教育課程特例校とは、学校教育法施行規則第55条の２に基づき、教育課程の基準によらない特別の教育課程を編成することができる特例を認める学校であり、那須町は防災教育を体系的に実践する「防災教育の教科化」を導入した。

導入した新教科は、「人との関わり合い（人間関係プログラム）」・「地域との関わり合い（防災教育プログラム）」・「文化との関わり合い（プログラミング教育）」の３つの領域で構成される。新教科は、年間の授業時間を25時限とし、総合的な学習の時間・教科・特別活動等との学びの関連性・接続性を重視している。また、小学校から中学校の義務教育９年間において、発達段階に応じて系統的に学習する教科の枠組みになっている。

新教科の一つの防災教育プログラムは、年間７時限の授業時間が設定され、筆者らが開発した「地震防災教育プログラム」、「竜巻防災教育プログラム」、「火山防災教育プログラム」を学習教材に採用した。学年進行に伴い、同じ学習目標であっても、防災教育プログラムによる学習・訓練の狙いをより発展的なものにすることで、自らが生き・他を助ける「生きる力」を醸成することができる系統的な防災教育の実現を目指している。また、各学校の実態に合わせ防災教育の自校化を促進させるため、防災教育プログラムの活用方法や実践事例、年間指導計画への位置付け等を解説する防災教育指導資料「災害から身を守り、共に生きるための主体的な態度の育成を目指して（カリキュラム編）」を筆者の支援により作成し、町内の全教員へ配布し新教科に関する周知を図った。2020年度から正式導入された那須町の新教科は、非常に先進的な取組事例として、全国の教育行政や学校等から注目されており、今後の防災教育のあり方を示す研究として、各方面に大きなインパクトを与えたと言えるだろう。

７．おわりに

我が国の防災教育は、大規模な自然災害による被災地や災害の切迫性の高い地域を中心に、防災への危機意識や関心が高い学校や教員らが積極的に取り組む傾向が見られる。しかし、防災教育としての取組が「点」に留まる傾向が強くなり、狭い地域から社会全般に「面」的なネットワークによって広がりを見せることが難しい。この課題は、防災教育を普遍的に取り組めるような、防災教育のミニマムスタンダードの体系化が十分ではないことと、子どもたちが能動的に学習するための学校や教員への支援が不足していると捉えるべきである。

筆者は、我が国における防災教育の実態を踏まえて、児童生徒が自然災害から自分の判断で自分の身を守るためのマルチハザードに対応した防災教育プログラムを開発し、障害のある児童生徒への適用も実現させながら、教育行政や学校現場に情報発信してきた。防災教育という分野において、科学的なアプローチと学術的な理論を用いた研究に昇華させ、得られた研究成果を教育行政や学校現場に還元することによって防災教育の理解が深まり、防災教育の普及につながると考えている。このことを具体的に実現させるためには、県や自治体の教育行政や学校、ステークホルダーとの連携によって、信頼関係を構築しながら、相互理解の上に取組を推進していくことがとても重要であると考える.

今後も筆者は、防災教育を支援する業務に携わりながら、21世紀を担う子どもたちの「生きる力」を高めるための防災教育の一手法として、開発した防災教育プログラムを全国の学校現場へ提案しながら、兵庫県立大学客員研究員として研究をさらに深化させ、専門的な知見を更に高めた研究を推進したい。

最後に、本稿の執筆機会が得られ、今後、教育政策・教育行政の研究分野からも防災教育の課題や提案などに関する研究がテーマとして取り上げられることに期待したい。また、専門分野の異なる様々な研究者と連携した防災教育に関する研究が始まることにも期待している。

参考文献

（1）文部科学省（2012）「東日本大震災を受けた防災教育・防災管理等に関する有識者会議最終報告」『有識者会議資料』.
（2）文部科学省（2013）『学校防災のための参考資料「生きる力」を育む防災教育の展開』.
（3）文部科学省（2019）『「生きる力」をはぐくむ学校での安全教育』.
（4）文部科学省（2017）「第2次学校安全の推進に関する計画の策定について（答申）」『中央教育審議会資料』.
（5）鈴木克明（2006）「e-learning 実践のためのインストラクショナル・デザイン」『日本工学教育学会工学教育』29巻3号, pp.197-205.
（6）稲垣忠・鈴木克明編著（2015）『授業設計マニュアル Ver.2――教師のためのインストラクショナルデザイン』北大路書房.
（7）鈴木克明（2019）「インストラクショナルデザイン――学びの「効果・効率・魅力」の向上を目指した技法」『電子情報通信学会誌』13巻2号, pp.110-116.
（8）R. M. ガニェ他著、岩崎信・鈴木克明監訳（2007）『インストラクショナルデザインの原理』北大路書房.
（9）永田俊光・木村玲欧（2013）「緊急地震速報を利用した「生きる力」を高

める防災教育の実践——地方気象台・教育委員会・現場教育の連携のあり方」『地域安全学会論文集』No.21, pp.81-88.

(10) NAGATA, T. and KIMURA, R. (2017)「Proposing A Multi-Hazard Approach to Disaster Management Education to Enhance Children's "Zest for Life": Development of Disaster Management Education Programs to Be Practiced by Teachers」『Journal of Disaster Research』Vol.12, No.1, pp.17-41.

(11) 永田俊光・木村玲欧（2016）「竜巻被災校の教訓をもとにした竜巻防災教育プログラムの開発と被災地外への展開の試み」『地域安全学会論文集』No.28, pp.117-126.

(12) 永田俊光・木村玲欧（2016）「火山災害から「生きる力」を高めるための火山防災教育プログラムの開発」『地域安全学会論文集』No.29, pp.175-184.

(13) 内閣府（2012）『障害者白書平成24年度版』内閣府資料.

(14) 永田俊光・木村玲欧（2018）「視覚障害のある児童生徒の「生きる力」を向上させる防災教育——栃木県立盲学校での地震防災教育・訓練の実践」『地域安全学会論文集』No.33, pp.115-125.

(15) NAGATA, T. and KIMURA, R. (2020)「A Development of the Disaster Management Education and Trainings Program for Children with Intellectual disability to Improve "Zest for Life" in the Event of A Disaster -A Case Study on Tochigi Prefectural Imaichi Special School for the Intellectual disabled-」『Journal of Disaster Research』Vol.15, No.1, pp.20-40.

（気象庁新潟地方気象台／兵庫県立大学）

特集１：教育の危機管理と復興・支援

「学校の危機管理」に対する被害者家族・遺族の反応と教育政策形成
――もう一度「教育学」的議論に立ち戻る必要性

住友　剛

はじめに　―本稿のテーマと課題意識について―

本稿は「教育の危機管理と復興・支援」という特集のなかで、主に重大事故・事件発生後のいわゆる「学校の危機管理」[(1)]に関する諸対応に対して、その事故・事件の被害者家族・遺族（以後「家族・遺族」と略）がどのような感情を抱いたり、行動をとってきたのか。また、その家族・遺族の感情や思考のなかから「学校の危機管理」[(2)]に対するどのような批判的な意識が芽生え、各政党やマスメディア、あるいはインターネット空間上の世論（以後「ネット世論」と略）などへの働きかけ、あるいは中央教育行政（文部科学省）などへの要望等を行い、教育政策の形成過程にそれらが反映されてきたのかを扱うものである。

とりわけ本稿では2013年に制定された「いじめ防止対策推進法」の制定過程や、同法にいう「重大事態」への対応を例として取り上げることとする。また、必要に応じて、筆者自身が調査委員会や家族・遺族支援などでかかわった重大事故・事件の事例や、マスメディアや、文献などで扱われた事例、2014～15年度の文部科学省「学校事故対応に関する調査研究」有識者会議（筆者も委員として参加）での議論なども参照することとしたい。

なお、本稿１．であらためて整理しなおすが、重大事故・事件発生後の家族・遺族と学校・教育行政との関係について筆者が本稿で論じていることの多くは、注[(3)]で紹介するとおり、すでに別のところでも論じたことでもある。その上で、本稿が日本教育政策学会年報の特集論文でもあるということから、後掲の変形「ハの字図」を使って、家族・遺族側からの要望・意見などが「いじめ防止対策推進法」制定などのかたちで教育政策過程に反映し、さまざまな影響を与えつつあることを、本稿２．で論じることとする。これに加えて本稿２．では、教育政策過程に反映された家族・遺族の要望等に対して、それへの学校現場や地方教育行政（市区町村や都道府県の教育委員会など）からの「対抗」的な動きも起こりうることなどを指摘しておく。

その上で本稿3．では、あらためて「教育学」的な観点に立ちかえって、子どもの成長の場としてふさわしい学校の教育実践のあり方と、その実践に伴うさまざまな危険性を回避するための取組みを、「学校の危機管理」として論じる必要性があることを主張したい。また、従来は対立や相互不信の構図に置かれていた家族・遺族側と学校・教育行政側とが、今後は研究者・専門職とともに同じテーブルにつき、その相互不信や対立を解消する道筋や「今後のあるべき学校の危機管理」の姿について論じる必要があることや、「いじめの重大事態」以外の他の重大事故・災害ではすでにそのような取組みも始まりつつあることも、本稿3．で述べておきたい。

1．「ハの字図」と「AB図」を使って
―被害者家族・遺族から見た「学校の危機管理」―

さて本稿1．では、いじめの重大事態を含め、重大事故・事件発生後の家族・遺族と学校・教育行政との関係について、筆者がこれまで別のところで述べてきたことを整理しなおす。その際「参考」とするのは図1の「ハの字図」と、図2「AB図」である。この2つの図はいずれも拙著『新しい学校事故・事件学』（子どもの風出版会、2017年）[(4)]などで既出のものである。

まずは図1「ハの字図」について、簡潔に説明をしておきたい。この図は、これまでに出会った家族・遺族のケースのいくつかを想定しながら、重大事故・事件発生直後からの家族・遺族と学校・教育行政（主にここでは市区町村・都道府県の教育委員会を指す。以下同じ）の関係が徐々に疎遠かつ険悪なものになり、民事訴訟の提起に至るまでの過程をモデル化したものである。

まず図1の最初の段階として、家族・遺族側は重大事故・事件発生直後から学校や教育行政に対して、「我が子に何があったのか、事実を教えてほしい」と願って、さまざまな要望を出し、調査等を行い、くり返し説明を求めることがある。しかしながら学校や教育行政側から適切な返答が得られなかったり、場合によれば「事実隠し」を含め、家族・遺族側の「事実を知りたい」という願いを遮るような対応が行われたりするなどの対応が行われると、家族・遺族側は学校・教育行政側への不信感を募らせることになる。

また、長期不登校や亡くなったケースなど、いじめ防止対策推進法にいう

図１　「ハの字図」

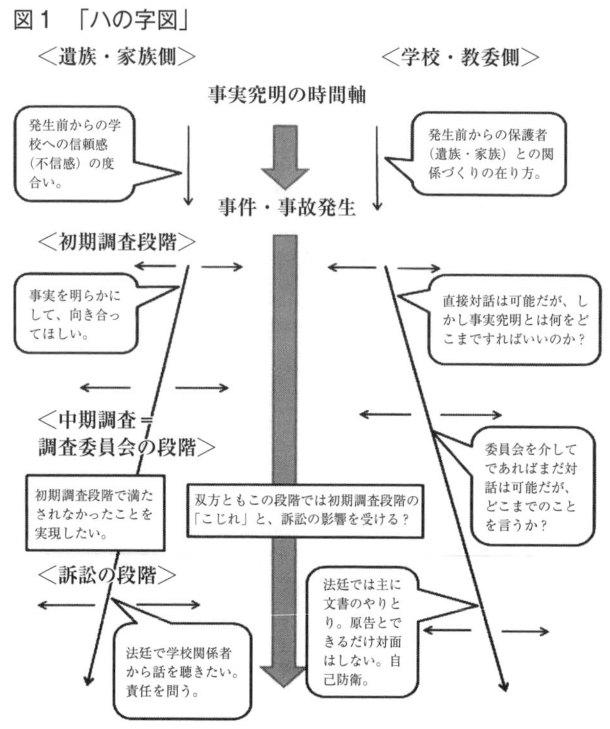

出典：拙著『新しい学校事故・事件学』

「重大事態」発生時には、学校での最初の調査に続いて、教育学や心理学、精神医学、スクールソーシャルワークなどの研究者・専門職らによる「調査委員会」による調査・検証作業が行われることになる。この調査・検証作業の段階についても、調査委員会の作業自体が不十分であったり、調査委員会から家族・遺族への説明や意向の聴取が不適切である場合や、あるいは調査委員会と学校・教育行政との「癒着」や「忖度」を思わせるような対応があった場合などは、やはり家族・遺族は調査委員会への不信感を募らせることになる。

このようなかたちで募った学校や教育行政側、さらには調査委員会への対応への家族・遺族の不信感は、民事訴訟の提起などのかたちで表明されることになる。しかし民事訴訟の場で「事実を明らかにしたい」と、原告側の家族・遺族が願ったとしても、学校や教育行政側が被告として法的責任を回避したい場合は、やはり被告側に不利となる事実等を法廷に出すことは少ない。となると、家族・遺族側の学校・教育行政側に対する不信感はより強まり、決定的に関係

図２　「AB図」

A=「この事故・事件を機に、学校・教育行政は変わらなければいけない」
（徹底した事実究明と再発防止策の確立を求める傾向）
B=「一日も早く、平常の学校・教育行政の機能を取り戻すことを」
（事態の沈静化を求める傾向）

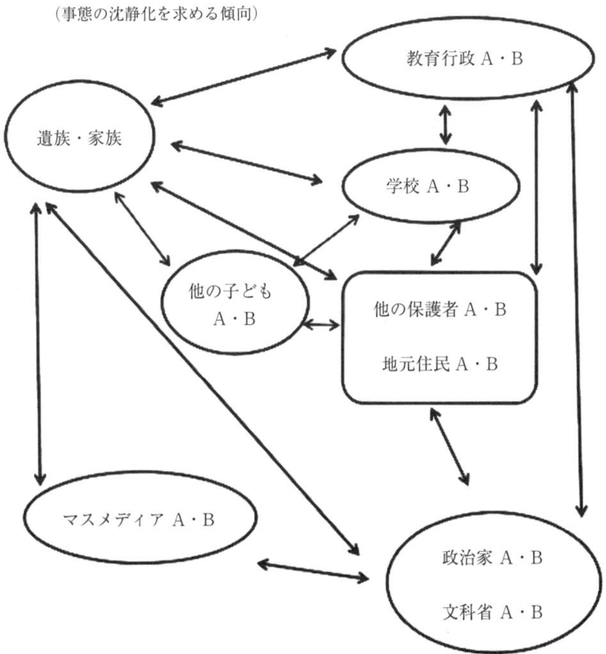

出典：拙著『新しい学校事故・事件学』

修復が不可能なところまで至る恐れが高まってしまう。

続いて図２「AB図」について、こちらも簡潔に説明をしておきたい。こちらの「AB図」についても、筆者のかかわったいくつかの重大事故・事件の家族・遺族や調査委員会の運営の事例をヒントにして作成したものである。また、こちらは家族・遺族側の「我が子に何が起きたか、事実を知りたい」という願いに対して、周囲の人々がどのような反応を示すかによって、その後の家族・遺族と周囲の人々（そのなかには学校や教育行政も含まれる）との関係が変化することをモデル化したものである。

この「AB図」で示したのは、重大事故・事件発生後の学校・教育行政や他の子ども・保護者・地域住民らが、「この悲しい出来事をきっかけにして、事実を明らかにして再発防止策を検討・実施すべく、学校や教育行政は変わらなければならない」と考えるケース（Aのパターン）と共に、「一日も早く、平常の学校の機能を取り戻してほしい。事態の沈静化を求めたい」と考えるケース（Bのパターン）の２つのパターンがありうることである。

当然ながら「我が子に何が起きたか、事実を知りたい」と願う家族・遺族にとって、Aのパターンの人々が増えれば増えるほど、重大事故・事件発生に至る事実経過の調査・検証作業や再発防止策の実施に向けての努力が積極的に行われることから、学校や教育行政、あるいは調査委員会などに対する不信感は弱まることになる。逆にBのパターンの人々が増えれば増えるほど遺族・家族の願いは遮られ、裏切られることになり、他の子どもや保護者、地域住民や学校・教育行政への不信感が強まることになる。

だとすれば本来、学校・教育行政と家族・遺族が対立関係になったり、相互に不信感を募らせないためには、このAパターンを前提にした重大事故・事件発生後の対応、すなわち「学校の危機管理」が大事になってくるはずである。筆者がこれまでいじめの重大事態、特に子どもが亡くなったケースなどに際して、「亡くなった子どもを核にした学校コミュニティの再建」(5)を重視した対応を求めてきたのには、このような理由がある。また、この方向性を目指す「学校の危機管理」を重視する点については、筆者の考えに今もなお変わりはない。

しかし重大事故・事件発生後の学校・教育行政に対して、たとえばマスメディアの報道が過熱化したり、ネット世論によるバッシングなどが引き起こされると、「まずは落ち着いた学校環境を取り戻してほしい」という他の子どもや保護者、地域住民や学校現場からの要望なども出てくるであろう。実際、たとえば神戸市須磨区で2019年に起きた「教員間いじめ（ハラスメント）」の事例では、マスメディアの報道の過熱化やネット世論のバッシングなどに煽られて、当該の学校に１日150件近く苦情電話が殺到し日常の学校運営に支障がでただけでなく、名前に「須磨」がつく近隣の学校にも相次いだという(6)。あるいは、2012年の年末に起きた大阪市立桜宮高校でのバスケットボール部の生徒自死事件では、「体罰、自殺者を出した桜宮高校では新入生を受け入れる状況にない」とする橋下徹大阪市長（当時）の記者会見の時期と前後して、登下校中の桜宮高校生に対して、「お前も桜宮か、自殺した被害者に謝れ！」「よう平気で桜宮に通っているな」などというバッシングの声が浴びせられたという(7)。

このような事態が重大事故・事件発生後の学校で他の子どもたちに起きてい

るのであれば、「事実を知りたい」と願う家族・遺族としては納得できないであろうが、やはり他の子どもや保護者・地域住民などからＢのような対応を求め、「まずは事態の沈静化を」と要望する人々が増えてしまうことが十分、ありうる。また、実際にこのようなバッシング・苦情への対応にあたっている教職員や教育行政の担当者の苦悩を考慮すると、たとえば過熱するマスメディアの報道やネット世論をいかにして沈静化するかという点に「学校の危機管理」の目が向きがちになる一方で、家族・遺族の「事実を知りたい」という願いへの対応がおろそかになってしまうことも、十分に想定できることである。

以上の「ハの字図」や「AB 図」のモデルや説明からもわかるように、過熱化するマスコミ報道やネット世論などからのバッシングから学校を守るため、事態を沈静化することを目的とした「危機管理」の営みは、「我が子に何があったのか事実を知りたい」と願う家族・遺族の思いとは大きくズレている。また、そのズレを適切に調整し、家族・遺族の願いを一定受け止めて事実解明を行い、調査・検証作業を通じて再発防止策を確立していくとともに、マスコミ報道やネット世論などからのバッシングを回避し、他の子どもや保護者、地域住民、そして当該の学校に勤務する教職員や教育行政の担当者を一定「守る」こと。なぜなら、たとえば当該の学校の教職員や教育行政の担当者、あるいは他の子どもや保護者、地域住民らが家族・遺族の願いに寄り添って、調査・検証作業などに協力していこうとしない限り、「事実を知りたい」という願いもかなわないからである。したがって、くり返しになるが、筆者がこれまで述べてきたとおり「亡くなった子どもを核にした学校コミュニティの再建」という観点に立った「学校の危機管理」の取り組みが今後、ますます必要不可欠となるであろう。また、少なくとも学校・教育行政と家族・遺族の間の対立や不信感を増幅させるような対応だけは回避する必要があるのではなかろうか。

２．近年の「いじめの重大事態」対応をめぐる動向をどう見るか？
―「変形ハの字図」を用いて考える―

ではここで、本稿が初出であるが、次の「変形ハの字図」を使って、いじめ防止対策推進法制定（2013年）の頃あたりからの近年の「いじめの重大事態」対応をめぐる動向を、「学校の危機管理」という観点からどのように考えるかを検討したい。

この変形「ハの字」図は、上述のとおり、いじめ防止対策推進法制定の頃あたりからの家族・遺族側の動き（図の左側）を念頭におきつつ、その家族・遺族側の動きに対して中央教育行政（文部科学省）や各政党、マスメディアやネット世論などの動向（図の上部）、そして学校や地方教育行政側からの動き（図の右側）などをモデル化したものである。ちなみに、この「変形ハの字図」は、「いじめの重大事態」対応をめぐって、「学校の危機管理」に関する教育政策の形成過程をモデル化したものと理解してほしい。ただし従来の「ハの字図」の構図が解消されたわけではない。したがって変形「ハの字図」の中心部分には従来の「ハの字図」の構図、つまり家族・遺族側と学校・教育行政側とが相互に不信感を募らせたり、対立してしまう関係が存在している。

たとえば周知のとおり、大津中２いじめ自殺事件の発生は2011年10月で、この事件が訴訟に関するマスメディアの報道などをきっかけに社会問題化したのは、2012年７月のことである。この2012年７月以降、滋賀県大津市では第三者調査委員会が設置され、翌年１月に報告書を提出。その後、大津市では市長直属の附属機関（相談機関）を置く等の内容をもった「いじめ防止条例」が制定された(8)。

他方でこの時期には、民主党を中心とした連立政権から第二次安倍政権への移行が行われた。この第二次安倍政権は発足間もない時期に「教育再生実行会議」を通じて、真っ先にいじめ防止に関する法制定を提案した。また、この提案に呼応するかのように、いじめの重大事態の家族・遺族などの側からも、たとえば各政党の国会議員や文部科学省などに、今後のいじめ対応のあり方に関するさまざまな意見や要望などが提出された。そしてその家族・遺族側からの意見や要望のなかには、これまでの学校や教育委員会の対応への不信感を背景にして、たとえば「教育行政に対する首長の権限強化」を求めるものも含まれていた(9)。その後2013年６月に「いじめ防止対策推進法」が制定されたあと、2014年６月には地方教育行政の組織及び運営に関する法律（地教行法）改正が行われ、ここでは従来の教育長と教育委員長を一本化した「新教育長」の設置や、首長が教育委員会と教育施策について協議をする「総合教育会議」の設置、自治体の教育施策に関する大綱策定など、「首長主導」の教育改革が実現可能な制度改革が行われてきたところである(10)。

このように、家族・遺族側は現在、各政党（国会議員）への働きかけや文部科学省への要望・意見の提出、あるいはマスメディアやネット世論の喚起などを通じて、教育政策の形成過程に対して一定の影響力を発揮しつつある。

図3 「変形ハの字図」

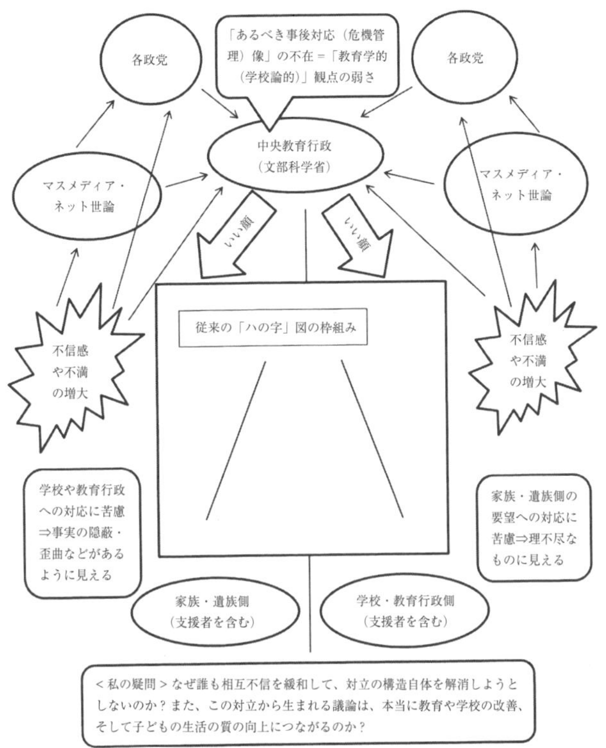

本稿が初出

しかしながらいじめ防止対策推進法が制定されるとともに、一部の家族・遺族の望むとおり「首長主導」の教育改革が実現したとして、はたして何か大きく事態はいい方向に変わったのであろうか？　別稿で論じたことと重複するが、たとえいじめ防止対策推進法の制定や「首長主導」の教育改革が実現したとしても、やはり「いじめの重大事態」は各地で発生している。また、従来の「ハの字図」の構造は引き続き存在し、家族・遺族と学校・教育行政との対立や相互不信の高まり、さらには調査委員会運営のあり方に対する家族・遺族側からの疑問や批判なども投げかけられるようになっている[(11)]。

また、そもそもいじめ防止対策推進法自体には、たとえば「家庭・地域の教育力強化」「徳育（道徳教育）の強化」「早期発見・対応と教育相談体制の充実」「学校と関係機関（警察など）、専門職（心理職・福祉職など）との連携強化」「子どもへの懲戒や出席停止措置の適切な運用」等、これまで1980年代の臨時教育審議会（臨教審）以来、文部科学省が旧・文部省時代を含めて実施してきた「いじめ対策」さらには生徒指導施策全般の枠組みを維持・強化している部分がある。また、せっかくいじめ防止対策推進法を制定しても、教員配置の充実などその「対策」を効果的に実現するための条件整備を欠くならば、いくら家族・遺族がこの法律の趣旨等に期待したとしても、やはり状況は同法制定後も「あまり変わらないか、より悪くなるだけ」でしかない[(12)]。

つまり筆者の目から見て、本来「いじめの重大事態」を含む学校での重大事故・事件発生時において、家族・遺族と学校・教育行政との関係において改善すべきことは、「変形ハの字図」の中心にある前出「ハの字図」のような相互不信や対立の構図である。また、その「ハの字図」に示されるような相互不信や対立の構図は、その背景をなす家族・遺族と学校・教育行政、他の子どもや保護者、地域住民などとの人々の関係のありようから生まれてくるものである(＝それを示したのが「AB図」である)。したがって家族・遺族側から教育政策の形成過程に関与し、たとえば政治家へ立法措置を求めたり、あるいは文部科学省に地方教育行政への「指導・助言」等を求めたりするような働きかけを行っても、実際の現場レベルでの人々の関係のありようが変化してこない限り、やはり「従前のまま」でしかない。筆者としては、もうそろそろ、家族・遺族側はそのことに気付くべき時期が来ていると考えている。

他方で、従来の「ハの字図」の構図をそのままにしたままで、たとえば家族・遺族がマスメディアやネット世論を動かしたり、政治家や文部科学省への働きかけを行って、教育政策の形成過程に関与するようになると、学校や地方教育行政（教育委員会など）もそれへの「対抗」的な動きを示すようになるであろう。その学校や地方教育行政による「対抗」的な動きが、さらに家族・遺族への対応を硬直化させてしまう危険性もある。

たとえば筆者は別稿において、近年の学校や地方教育行政に見られる「危機管理」の動きを「評判リスク対応的」「訴訟リスク対応的」「統計学的」の３つの観点で整理したことがある[(13)]。「評判リスク対応」とは、マスメディアやネット世論なども含めて、学校や地方教育行政に対する「風評」被害を最小にするための対応である。「訴訟リスク対応」は、学校や地方教育行政が被告となりうる訴訟が起こらないように、あるいは起きた場合に自らの責任ができるだけ問われず、問われても軽く済むようにする対応である。そして「統計学的」

対応とは、たとえば「運動会での組体操（組立体操）による骨折等の事例が年間何件」などという報道が流れると、教育委員会から各学校に「一切禁止」の通知を出して止めさせるなどのように、統計数値をふまえてある教育実践に重大事故・事件の危険性が察知された場合、リスク管理の観点からそれを教育行政側から「止めさせる」ような対応である(14)。このような３つの「リスク管理」の発想に基づく「学校の危機管理」は、以前から行われてきた面もあるかもしれないが、その傾向が近年ますます強まっているのではなかろうか。

ちなみに、いわゆる「スクールロイヤー」（学校弁護士）も、文部科学省としては、「学校の危機管理」特に「訴訟リスク的対応」の観点から学校や教育委員会を「支援」するために導入するというのであろう(15)。しかし家族・遺族側からすると、今度は学校や教育行政による家族・遺族対応を、スクールロイヤーが裏からアドバイスするかたちで行うように見えるのではなかろうか。そして、そのアドバイスが適切なものであるのかどうかが、家族・遺族側からすると大変気がかりなところであろう。

３．あらためて「教育学」的な議論の方向へ
―なぜ関係する人々が「同じテーブル」について議論できないのか？―

ところで、文部科学省「学校事故対応に関する調査研究」有識者会議（2014～2015年度。以後「有識者会議」と略）には、委員のなかには筆者のような研究者や弁護士・医師ら専門職とともに、家族・遺族の立場からの委員、元・政令指定都市の教育長や中学校長の経験者が委員として含まれていた。また、この有識者会議が大阪教育大学に委託するかたちで、日本スポーツ振興センターのデータベースに残る過去の子どもの死亡事故や重度障害が残る事例について、学校設置者側はどのような家族・遺族対応や調査・検証作業などを行ったかについて調査を行った(16)。その上で、有識者会議としては一部の家族・遺族（当事者団体の代表者を含む）ではあるがヒアリングを実施し、重大事故・災害発生後の学校・教育行政の対応や調査委員会運営のあり方の問題点などについて意見・要望を聴取した。そしてこのような作業をふまえ、あらためて本稿１で述べたような家族・遺族側と学校・教育行政側との認識のズレ等を確認した上で、文部科学省が作成した「学校事故対応に関する指針」(17)（以後「指針」と略）の原案を検討し、2016年３月に会議を終了した。

この「指針」は学校保健安全法の趣旨に則り、各学校や学校設置者（教育委

員会、私立学校の設置法人等）が「事前の危機管理」としての教職員向け事故防止研修や定期的及び臨時の安全点検、子どもたちへの安全教育の実施、事故発生時の対応に関するマニュアルの作成とその定期的な見直しなどを求めている。また、重大事故発生時の初動対応や調査・検証作業（学校による基本調査及び調査委員会による詳細調査）、再発防止策づくりのあり方や、家族・遺族及び被害にあった子どもへの支援のあり方などについても、「事後の危機管理」として各学校や学校設置者がなにを行うべきかについて触れている。その上で、「事後の危機管理」の過程で家族・遺族と学校・教育行政との関係に問題が生じた場合のコーディネーターの派遣についても、この「指針」では可能である。

この有識者会議のように、いま家族・遺族側と学校・教育行政側が、研究者・専門職と共に、中央教育行政（文部科学省）の準備の下で同じテーブルにつき、従来の「学校の危機管理」の諸課題をめぐって、調査結果の整理等をふまえた上で「今後のあるべき学校の危機管理の姿」について論じることが可能である。もちろん、出された「指針」等を今後、各学校及び学校設置者のレベルでどのように運用していくかという課題は、それでもなお残るのではあるが。

他方で、本稿２．で見たように、「いじめ防止対策推進法」制定やその後の地教行法改正などを見ると、なぜ「いじめの重大事態」への対応について、この有識者会議のように「関係する人々が同じテーブルについて、調査結果をふまえて課題整理を行い、今後のあるべき姿について共通認識を形成する」ところから議論を始めてこなかったのだろうか（なお、この点は「いじめの重大事態」対応だけでなく「子ども・若者の自殺予防」に関する対応でも同様である）。今後、家族・遺族側から政治家を動かして法整備を行うことや文部科学省のガイドライン改訂を求めたり、学校や教育行政側が「対抗」的な動きをするよりもその前に、「いじめの重大事態」対応等に関する「学校の危機管理」で早急に求められるのは、まずは前述の有識者会議のようなかたちで「家族・遺族側と学校・教育行政側が研究者・専門職と共に同じテーブルについて議論を行い、課題を整理する」作業ではなかろうか。また、文部科学省が真っ先に行なうべきなのは、その「議論のテーブル」づくりであろう。

その上で、本稿の締めくくりとして、あらためて述べておきたいことがある。別稿(18)でも述べたことにも重なるが、「リスク管理」的な発想（特に統計学的観点）にたって学校で「危ないことを一切させない」でおけば子どもの事故は減る。また、「いじめが起きないように」と考え、教室内外での子どもどうしのかかわりを制限すれば、学校での「重大事態」も起きないであろう。しかし、そのような学校は、はたして本当に子どもの成長にふさわしい場なのだろうか。このように考えると、あらためて今、「教育学的な議論」をふまえた「学校の危機管理」に関する議論が必要とされているのではなかろうか。

注

（１）なお、筆者はこれまで従来の学校の「危機管理」と一線を画す意味で、重大事故・事件発生後の「事後対応」という言葉を使ってきた。本稿ではあえて両者を同じものとして扱うこととする。

（２）ここで付記しておくと、たとえば「学校の危機管理」に関しては次の文献のような先行研究がある。また、下記の文献では、たとえば災害（地震や大雨・台風等）や事故・事件（不審者侵入など）及び感染症の発生、教職員の不祥事発生、器物破損や対教員暴力など生徒の問題行動や保護者からのさまざまな「無理難題」的な要求への対応等、学校（特に校長ら管理職を含む教職員）側から見て対応に苦慮する事態の発生を「学校の危機」と想定していること。また、その「学校の危機」に対する予防的な備えと発生後の対応が重要であること等を、「リスク管理」などの観点から論じていることはわかる。

永岡順編著『学校の危機管理――予防計画と事後処理』東洋館出版社、1991年。

上地安昭編『「学校の危機管理」研修（学校の研修ガイドブック№６）』教育開発研究所、2005年。

阪根健二編『学校の危機管理最前線――危機発生！そのとき何が起こり、学校はどう動く？』教育開発研究所、2009年

（３）たとえば、次のとおりである（他にもいくつかの文献がある）。

住友剛『新しい学校事故・事件学』（子どもの風出版会、2017年）。

鈴木庸裕・佐々木千里・住友剛『子どもへの気づきがつなぐ「チーム学校――スクールソーシャルワークの視点から」』（かもがわ出版、2016年）。

鈴木庸裕・住友剛・桝屋二郎編著『「いじめ防止対策」と子どもの権利――いのちをまもる学校づくりをあきらめない』（かもがわ出版、2020年）。

住友剛「『子ども』を核とした学校コミュニティの再生のために――第三者委員会運営の『実務』を問い直す」（日本生活指導学会『生活指導研究』第37号、2020年）。

住友剛「『ハの字』の両側を見つめる学校事故・事件学」（『季刊教育法』第194号、2017年９月～第197号、2018年６月。４回の連載）。

（４）なお、拙著『新しい学校事故・事件学』であるが、2020年３月で出版社廃業のため「絶版」状態である。ただし、この本の在庫を筆者自身が保管す

ることとなった。本書を入手したい方は、筆者に直接、連絡をしてほしい。

（5）たとえば拙著『新しい学校事故・事件学』の第３章「『子ども』を核にした重大事故・事件後の学校コミュニティの再生」や、前出「『子ども』を核とした学校コミュニティの再生のために――第三者委員会運営の『実務』を問い直す」を参照。

（6）「まいどなニュース」2019年10月16日付け配信記事「東須磨小に脅迫含め抗議電話１日150件、つながらず近隣の学校にまで…」https://maidonanews.jp/article/12800002　(2021年２月28日確認)

なお、この「まいどなニュース」というウェブサイトは、神戸新聞や京都新聞、サンテレビ、ラジオ関西など主に近畿圏のマスメディアが共同運営している情報サイトである。

（7）この件については、伊賀興一「橋下氏の介入を打ち破った！――桜宮高校の『参加・共同・自治』」森川貞夫編『日本のスポーツ界は暴力を克服できるか』（かもがわ出版、2013年）を参照。

（8）大津中２いじめ自殺事件の経過等については、共同通信大阪社会部編『大津中２いじめ自殺――学校はなぜ目を背けたのか』（PHP 新書、2013年）を参照。このケースでは2011年10月、当該の子どもが亡くなった直後に学校や大津市教育委員会側が調査を実施していながら、その事実経過の説明や公表のあり方をめぐって遺族側の要望を受け入れなかったことなどから対立が生じ、2012年２月に民事訴訟が提起された。その民事訴訟の過程で「自殺の練習をさせられた」等の事実経過があらためて2012年７月に明らかになり、このことがマスメディアの報道などで伝えられて、学校や大津市教育委員会への批判が噴出、一気に社会問題化した。

（9）大津中２いじめ自殺事件の遺族が政治家などに提出した意見書等については、采女博文「いじめ防止対策推進法：大津いじめ事件遺族の声」（『鹿児島大学法学論集』50巻１号、2015年11月）を参照。この文献には、たとえば大津中２いじめ自殺事件の遺族から出された「いじめ防止対策推進法案に対する意見書」（自由民主党衆議院議員馳浩宛て、2013年６月13日）や「いじめ対策の現状と課題についての小西議員への報告書」（2014年４月４日）、「教育委員会制度の改革に関する意見書」（文部科学大臣下村博文宛て、2014年２月26日）などが収録されている。特に「教育委員会制度の改革に関する意見書」では、当該遺族側から見た大津市教育委員会の対応に対する不満や批判を述べた上で、「首長の権限強化の問題と、教育行政に対する民主的なコントロールという問題は別次元の問題です。首長の権限強化によって教育行政が歪曲されるという指摘は、観念的、抽象的なレベルの問題に過ぎません。現在の無責任な教育委員会制度こそ、危険視されるべきでしょう」（前出の采女論文、p.123）と述べている。

（10）以上の大津中２いじめ自殺事件からいじめ防止対策推進法の制定、そして地教行法の改正に至る経過と、これへの当該事件の遺族側からの働きかけの経過については、住友剛「公教育批判の動きを再包摂するための『惨事便乗型教育改革』――「いじめ防止対策推進法」制定とその後の経過を例として」（公教育計画学会編『公教育計画研究９』八月書館、2018年）を参照。

(11) 上記注10の論文では、たとえば仙台市で起きたいじめの重大事態での再調査委員会の議論が紛糾し、市長が市議会にその経過を説明した事例や、茨城県取手市での中学生いじめ自殺に関して、市教育委員会の設置した調査委員会の対応に遺族が不満を抱いたことから、茨城県教育委員会があらためて取手市からの委託を受けて調査委員会を設置した事例など、2018年の時点で新聞報道などで確認できる事例を紹介した。このように、たとえいじめ防止対策推進法を制定したり各種ガイドラインを策定しても、引き続き家族・遺族側と学校・教育行政側の対立や相互不信の構図は残り続けている。

(12) 1980年代の臨教審以来の「いじめ対策」の動向については、住友剛「『生徒指導施策』から見た日本の公教育――近年のいじめ・不登校対応を例として」公教育計画学会編『公教育計画研究６』（八月書館、2015年）を参照。

(13) 住友剛「『学校の危機対応』を教育学的に問い直す――「いじめの重大事態」の未然防止・発生時の対応を例として」京都精華大学人文学部住友剛研究室『えびす教育学研究論集』（創刊号、2020年９月）を参照。

(14) このような観点からの議論の代表的なものが、教育社会学の内田良の「組体操（組立体操）」問題に関する見解である。たとえば内田良『学校ハラスメント――暴力・セクハラ・部活動―なぜ教育は「行き過ぎる」か』（朝日新書、2019年）の「第２章　巨大組み体操の教育的意義――痛いを禁句とする学校の暴走」を参照。同書で内田は、事故の多発を受けて、2016年にスポーツ庁が「組体操等による事故の防止について」という文書を出したことや、日本スポーツ振興センターの組体操事故に関する統計数字を「2011年度から2015年度まで8000件台で推移してきた事故件数は、2016年度には一気に5000件台にまで減少した」ことを紹介している（同書、p.73）。このような観点からの学校事故・事件のリスク管理が、まさに「統計学的観点」の手法である。ただし内田らが「統計学的観点」からネット世論やマスメディアを通じて危険性を訴えることで、それへの「対抗」として、「評判リスク対応的観点」も加わったかたちで、外部からの批判を回避する意図で、地方教育行政（教育委員会など）や各学校がスポーツ庁からの文書を根拠にして、「組体操中止」を決めた可能性も否定できない。

(15) たとえば日本経済新聞電子版2019年９月23日付け記事「スクール弁護士を配置へ　いじめ、虐待に専門対応」には、次のような「スクールロイヤー」導入の背景事情に関する説明がある。「学校現場では、いじめや虐待だけでなく、不登校や保護者とのトラブルなど、法的なアドバイスが有効な場面が多い。弁護士が早い段階から関わり、訴訟など状況が深刻化する前の解決を目指す。また、教員の長時間勤務が深刻な問題となる中、専門的な知見を取り入れて現場の負担軽減にもつなげる。」
https://www.nikkei.com/article/DGXMZO50112680T20C19A9CR8000/ （2021年２月28日確認）

(16) 国立大学法人大阪教育大学『文部科学省委託事業　学校事故対応に関する調査研究調査報告書』（2015年２月）を参照。
https://www.mext.go.jp/component/a_menu/education/detail/__icsFiles/afieldfile/2019/04/22/1289308_03.pdf （2021年２月28日確認）

(17) 文部科学省「学校事故対応に関する指針」（2016年３月）を参照。
https://anzenkyouiku.mext.go.jp/mextshiryou/data/jikotaiou_all.pdf （2021年２月28日確認）

(18) 住友剛「学校事故・事件に対応する専門職の協働が目指すべきこと」（日本生活教育連盟編『生活教育』2019年12月号）を参照。

（京都精華大学）

II

特集 2
学校自治と教育スタンダード

特集２：学校自治と教育スタンダード

学校自治と教育スタンダード（オンライン・シンポジウム）の企画趣旨

荒井　文昭

日本教育政策学会第27回大会として2020年７月４日に予定していた本シンポジウムは、以下の通り、コロナ禍により開催時期を同年11月15日に移し、またオンラインによる開催を余儀なくされた。しかし、ニュージーランド・ワイカト大学のマーティン・スラップ教授をキー・スピーカーに迎えての、学校自治と教育スタンダードをめぐる政策課題についての議論は、勝野正章会員、石井拓児会員の指定発言とあわせて、公教育におけるプライバタイゼーションをめぐりおこなわれ、いくつかの重要な論点が示された。その評価については会員からの評価を待ちたいが、ここでは、本シンポジウムの企画趣旨について述べておきたい。

■テーマ

学校自治と教育スタンダード

―ニュージーランド・「明日の学校」タスクフォースレポート2019をめぐって―

■日程

2020年11月15日（日曜）午前10時－午前12時

■報告者

○キー・スピーカー

マーティン・スラップ（ニュージーランド・ワイカト大学）

○指定発言

勝野正章（東京大学）

石井拓児（名古屋大学）

１.「明日の学校」政策とは何だったのかという問い

1989年教育法から現在までニュージーランドで続いている「明日の学校」政

策とは何だったのか。2017年に発足した労働党連立政権はこの政策をどのようにとらえ、何を変えようとしているのか。本シンポジウムでは、検討会議から2018年と2019年に出された二つの報告書を対象にして検討した。

２．「学校自治」という視点

検討に際しては、二つの視点をテーマとしてかかげた。その一つ目は、学校自治という視点である。1989年教育法を成立させた、第４期労働党政権の首相兼教育大臣であったロンギ氏は、1999年に行った講演でつぎのように述べていた。

「『明日の学校』は、競争的な学校モデルになるようには設計されていませんでした。国民党政権が学区をなくし、学区外通学希望者に対するくじ引き制度を廃止したことによって、学校は生徒獲得のための競争をすることを求められるようになったのです。また、困難な地域に位置する学校への補助金も削減されると同時に、親や保護者が、学校の役割をはたせていない学校に対して要求を出せるようにすることを目的としたフォーラムも廃止してしまいました」

企画者自身も、学校を基礎とした民主主義モデルとして、公選制学校理事会に注目してきた（末尾資料を参照)。校長以外の教員代表、保護者代表だけではなく、労働党政権下においては生徒代表も学校理事会委員として選出される仕組みに注目したのである。さらに、この1989年教育法を契機として、マオリ教育運動が活動を広げていき、もう一つの公立学校としてマオリ学校を設立させてきていることにも注目してきた。

しかしその反面では、検討会議報告書で指摘されているとおり、この学校理事会制度が導入されてから30年ほど経過した今日、学校間競争が激化し、学校間格差が固定化してきている問題も深刻になってきている。また、選挙ごとに入れ替わる素人統制に対する、教育専門家からの根深い不信感も続いている。

３．「教育スタンダード」という視点

検討に際しての二つ目の視点は、教育スタンダードである。学校の外側から全国一律的に設定された評価基準によって、学校での実践が実質的に統制されていく評価システムのあり方も、重要な検討事項になっている。公選制学校理事会導入とともに、ニュージーランドでは、ERO と NZQO が導入されてきた。これら、各学校に対する外部評価のシステム、及び教育の質保障システム

が導入されたことにより、学校は常に、これらからの評価に対応することを求められるようになってきたのである。

国民党政権下に導入されたナショナル・スタンダードは、その極端な現れだったと思われる。この仕組みは、スラップ報告にも示されるとおり、労働党連立政権発足直後にその廃止が宣言はされたが、学力をめぐる政策はさまざまなかたちで、学校理事会の運営に影響を与え続けている。学校理事会制度は「飼い慣らされた民主主義に陥っている」という批判もあるという。

4．プライバタイゼーションという視点

スラップ教授からは、プライバタイゼーションという視点から、ニュージーランドにおける教育政策動向が報告された。労働党連立政権が設置した検討会議からは、行きすぎた学校間競争を協同に転換させていくために、「教育ハブ」という新組織の創設などが2018年の報告書では提言された。しかし、スラップ教授は基調報告の中で、30年間を通してこれまで拡大してきたプライバタイゼーションを転換させることが、容易なことではなくなっていることを指摘している。

指定発言として勝野会員からは、このプライバタイゼーション政策に対する現場の校長と教師の受け止め方、抵抗についてコメントしていただいた。同じく指定発言として石井会員からは、学校自治のあり方に注目しながら「分権化」政策に対するコメントをいただいた。

5．２期目に入った、第６次労働党連立政権のこれから

先の総選挙では、アーダーン党首が率いる労働党が単独過半数を握り、緑の党と連立政権を組むことになったことが日本でも報道された。２期目となる第６次労働党連立政権が、どのような政策を具体化させていこうとするのか、今後も注目していきたい。

【資料】1984年以降の政権推移

○1984-90　第４次労働党政権

1988年８月７日、ロンギ首相『明日の学校─ニュージーランドにおける教育行政改革』発表（NZ Department of Education, Tomorrow's Schools: The Reform of Education Administration in New Zealand,

August 1988)。

1989年９月29日、1989年教育法が成立。

○1990-99　第４次国民党主導政権

○1999-2008　第５次労働党主導政権

○2008-17　第５次国民党主導政権

○2017-　　第６次労働党主導政権

※第４次労働党政権「明日の学校」政策については、下記論文を参照されたい。

荒井文昭「分権化のなかの学校選択と教育参加——ニュージーランドにおける教育改革の動向」東京都立大学人文学部『人文学報』30号、1995年３月、133頁から167頁。

※「明日の学校」検討会議の2018年報告書、および2019年最終報告書はそれぞれ、2021年３月５日現在、下記から入手可能である。

Tomorrow's Schools Independent Taskforce. 2018. Our Schooling Futures: Stronger Together. Whiria Ngā Kura Tūātinitini. Wellington, NZ: Ministry of Education.

https://conversation.education.govt.nz/conversations/tomorrows-schools-review/resources/

Tomorrow's Schools Independent Taskforce. 2019. Our Schooling Futures: Stronger Together. (Final Report) Whiria Ngā Kura Tūātinitini. Wellington, NZ: Ministry of Education.

https://conversation.education.govt.nz/conversations/tomorrows-schools-review/

特集２：学校自治と教育スタンダード

ニュージーランドにおける最近の学校改革

――改革はプライバタイゼーションに対応するのか

マーティン・スラップ

日本教育政策学会2020年 zoom による年次大会（2020年11月15日、日曜、東京都立大学）提出論文

はじめに

2017年10月、ジャシンダ・アーダーン首相が率いる労働党主導の連立政府が、ニュージーランドで政権を握った。当時の政治的レトリックは進歩的な「変革」であり、それは、2008年から2017年にかけて政権を握っていた、前国民党政権によって推進されてきた新自由主義からの転換を示していた。さらに最近では、2020年10月にアーダーン政権が再び勝利し、圧倒的多数の議席を獲得した。新型コロナウイルス感染症への対応を、多くのニュージーランド人が評価したのである。同時に、一部のコメンテーターは、労働党は政権を維持しようとするために、多くの「変革」は達成できないだろうという見込みを示している（O'Brien 2020）。教育政策によって何が達成されたのかを問うには、適した時期になっている。また、ニュージーランドの特殊性を踏まえても、日本など他の国にとって、学ばれるべき教訓もあるのかもしれない。

この３年間、ニュージーランドではより進歩的な学校レベルでの教育政策が試みられたが、この論文でわたしは、実際に実を結んだものは未だ明確になっていないことを論じたい。政策変更をおこなうために使えた資源は、新型コロナウイルス感染症への対応で使いはたしてしまう直近の問題もあるが、しかしより根本的な問題は、労働党政権が過去の新自由主義政策から離れようとする際に、大きな制約に直面していることにある。

レトリックと現実のこの違いは、プライバタイゼーションに関してはかなり明白である。これまでの30年間におよぶ、ニュージーランドの自己経営管理型学校政策である「明日の学校」に対する最近の評価報告書では、学校運営への

政府の関与を強化することが提言されたが、この提言は校長たちからの反発をまねいた。その一方では、アーダーン政権下においても、学校制度にサービスを提供する民間アクターからの、強い関与が続いている。これは、数十年におよぶプライバタイゼーションによって、政府がたとえ望んだとしても、すべての教育サービスを提供する能力をすでに失ったためである。

おそらく、ニュージーランドの経験からの、日本などの他の国々に対する主な教訓は、プライバタイゼーションがひとたび教育システムに組み込まれると、プライバタイゼーションのプロセスを逆転させることがいかに難しいかということにある。本論での私の議論は、次のようにすすめたい。はじめに、ニュージーランドにおける学校制度のプライバタイゼーションについて、歴史的に概観する。つぎに、アーダーン政権１期目の概要、その政府が立ち上げた「明日の学校」検討会議による評価報告書、及びその検討会議がプライバタイゼーションにどのように対抗しようとしたのかを検討する。最後に、政府関与の拡大を促進させようとする検討会議の調査結果に対する、学校セクターからの抵抗を検討し、さらにプライバタイゼーションに反対していると思われるにもかかわらず、アーダーン政権が学校システムにサービスを提供するために、プライバタイゼーションされた取り決めを、依然として続けていることに注目してみたい。

背景：ニュージーランドの学校教育におけるプライバタイゼーションの拡大[1]

ニュージーランドの教育制度には、長期にわたって民間の要素が組み込まれてきた。私立学校[2]においても、公立の制度内で運営されている、さまざまな種類のプライバタイゼーションの両方においてもである。本論では、過去20年間に公立学校、および公立に統合された学校における、民間アクターの関与の高まりに重点をおいて説明したい。

19世紀におけるニュージーランドの学校は主に教会によって設立され、今日の私立学校のほとんどは、教会トラストによって運営されている。民間の私立学校はほんの一握りで、主に、グローバルな学校グループである Inspired の一部である、ACG Schools によって運営されている。未だ、私立学校はニュージーランドでは５％未満にとどまっているのである。これは、私立学校を公立学校制度に統合する政策の結果である。1970年代に、私立カトリック学校制度は深刻な財政難に陥ったが、1975年私立学校統合法により、特定の宗教的またはその他の性格を維持しながら公立学校になることができた（Sweetman 2002）。この統合協定の下で、政府が通常の公立学校と同じように、教師と校長の給与を全額支払うこととなる。政府は、学校の土地や建物を所有していないため（したがって、教会と政府の分離を維持している）、公立統合学校は、この領域にかかる費用と借入金を補填するために「出席費」を請求する。それは、資金不足であった特別な学校に対する当時の解決策であった。だが1990年代からは、はるかに高額で、社会的エリートの私立学校を支援する統合政策の利用法が生まれ、私立学校の一部は、その特別な特色のための疑わしい主張をおこなったのである。その結果、この統合政策は依然として論争を引き起こしている（Fitzsimons 2017）。社会経済的に困難をかかえる学生が、私立学校に通うことを可能とすることを目ざす、政府資金によるバウチャー制度（Aspire Scholarships およびそれ以前の Targeted Individual Entitlement Scheme）も、その対象が少数ではあるが存在している。

また、公立学校においても統合学校においても、さまざまな種類のプライバタイゼーションが行われてきた。2008年から2017年までの国民党連立政権下では、少数の「パートナーシップ」チャータースクール（ニュージーランドの場合、民間スポンサーによって運営されている公営の学校であり、いずれも営利団体ではない）が設立された。学校を建設するための官民パートナーシップ（PPPs）も同様である。実際2015年まで内閣は、重要な政府投資は「…PPP調達を含むすべての調達オプションを評価しなければならない」ことを義務付けていた（財務省 2015、13）。だが、このような展開は、1990年代後半に「明日の学校」改革が「自己経営」マネジリアリスト型学校（managerialist ‘self-managing’ schools）を導入して以来、公立システムで起こってきたプライバタイゼーションの現れにすぎない。学校内および学校周辺でのマネジリアリスト的思考のひろがりは、それ自体がプライバタイゼーションの一形態と見なすことができる。これは、Ball and Youdell（2007）が「内生的プライバタイゼーション endogenous privatisation」と呼んでいるものであり、民間の関与を容易にするものである。また、さまざまな民間アクターとの契約も数多く生まれた。その民間アクターには、公立学校システム内、およびその周辺で活動している、民間企業、コンサルタント、社会的企業、慈善団体、福祉団体などがあった。Ball and Youdell（2007）はこれを外生的プライバタイゼーション（exogenous privatisation）と呼び、Hogan and Thompson（2017）はこれを商業化と呼んできた。

私立学校と同様に、公立学校教育への民間アクターの関与は、ニュージーランドに深い歴史的ルーツを持っている。たとえば、民間出版社は1960年代までに学校に強力な足場を築いてきた。しかし、1980年代「明日の学校」改革により、民間アクターが公立学校システムに驚くほど多くの商品やサービスを提供するようになった（Thrupp, O'Neill, Powell, Butler 2020を参照）。すなわち、新しい建物の建設と関連サービス、改修、保守と清掃、什器と備品の供給、情報技術と学生管理システムが生まれた。民間プロバイダーによる教員研修の外注化、そして民間によって提供される野外教育、体育、芸術、演劇活動との教育契約が生まれた。学校はまた、慈善団体やその他の「非営利」組織（'polie'trusts, Duffy Books in Homes, KidsCan）と同様、多国籍企業（マクドナルド、ホンダ、マクリーンなど）や業界団体（果物や野菜の業界、ギャンブル業界など）が提供するカリキュラムやプログラムへの参加も拡大しはじめた。民間アクターは、留学生へのマーケティングとその手配にも進出した。1990年代から2000年代にかけて、民間アクターが学校に直接関与するようになっただけでなく、民間アクターはこの数十年にわたって、学校を支援する広範囲な活動に関与するようになった。カリキュラムと政策立案、ウェブサイトとコミュニケーション、調査と評価など、学校に関連する教育省のさまざまな業務も、委託に出されたのである。

労働党連立政権と「明日の学校」検討会議

労働党連立政権は2017年10月に始まり、ほぼ10年にわたった国民党連立政権による政策にかわる、教育セクターのための新しい方向性を打ち出した。本論に特に関連するのは、国民党連立政権によって取り組まれた「パートナーシップ」チャータースクール政策が徐々に取り消され、前政権によって設立された13のチャータースクールすべてが、公教育システム内の「統合学校」になったことである。このことは、チャータースクールに代表されるプライバタイゼーションを終わりにさせようとする政府にとっては、わかりやすい対応策であった。たとえば、チャータースクールを削除する法律を可決する際に、教育大臣のクリス・ヒプキンスは、「ニュージーランドの法律からチャータースクールモデルを削除し、私たちの公教育システムのプライバタイゼーションと規制緩和に終止符を打つ」（Hatton 2018より引用）とコメントを出した。ヒプキンスはしばしば、前政権下で起こったプライバタイゼーションを批判してきたのである（例えば、Hipkins 2014を参照）。前述したプライバタイゼーションからの離脱としては他に、官民パートナーシップが今や下火になったこと、そしてAspire奨学金［前述した、政府資金によるバウチャー制度―訳者］の廃止がある。

労働党が前国民党政権とは大きく異なる方向に進もうとする、さらなる兆候もあった。ナショナル・スタンダードが、政権発足後にすぐさま廃止されたのである。ナショナル・スタンダードは小学校における評価システムであり、国民党連立政権によって2008年に導入された直後から、激しい反発を招いてきたものであった。なぜならば、教育課程を狭め、子どもに「下」「かなり下」と烙印を押すことになることが、懸念されてきたからである。教師と研究者たち（私を含む）は、導入された当初からこのナショナル・スタンダードに反対してきたが（Thrupp with Lingard, Maguire & Hursh 2018を参照）、政権交代があってようやく、その廃止が実現したのである。

これらの重要な進展にもかかわらず、労働党連立政権は不確実なスタートを切ることとなった。ニュージーランド・ファースト党と緑の党という、２つの小政党との連立を形成しなければ、政権を握ることができなかったのである。ニュージーランド・ファースト党はしばしば、労働党または緑の党によって提案される革新的な政策に、ブレーキをかける姿勢をとった。その最も顕著な例は、2018年に労働党連立政権が、ニュージーランド社会内の不平等を減らすために、財産に対するキャピタルゲイン税の導入を検討していた時のことであった。ニュージーランド・ファースト党から、この政策に対する支持を得られなかった後、2019年４月に労働党連立政権はその導入を断念し、ジャシンダ・アーダーン首相は、彼女が首相である限り再びこのことが検討されることはないと、述べることになったのである。

政権の発足当初から、2018年から2019年にかけての労働党連立政権の教育政策は、民意、そして教育セクターとの協議によって大きく影響を受けるようになっていた。与党が十分な議席を確保できていないために、実行することよりも計画を立てることの方が、リスクは低かったのである。ウェリントンとクライストチャーチでは、教育サミットのイベントを含む広範な「教育討論会」が開かれた。教育セクターに関しても、15件ほどの調査報告書が提出された。これらすべての調査報告書や提言に共通していたことは、教育のための30年計画ということであった。それらの内容は価値のあるものではあっても、ここ数十年間ニュージーランドで論争されてきた教育政策のあり方を考えれば、容易には実現しそうにない目標になっていた。

「明日の学校」を評価する検討会議は、この間における重要な評価報告書のひとつであった（Tomorrow's Schools Independent Taskforce 2018）。1980年代における「明日の学校」改革が、豊かなコミュニティと貧しいコミュニティそれぞれの学校間に大きな格差を生み出したことを認識し、検討会議は、その格差を平準化する手段として、学校にさまざまなサービスを提供する「教育ハブ」を、地区ごとに設立することを提言したのである。この「教育ハブ」は、政府によって運営されるが、教育省とは切り離された協議体によって運営されるものとされた。この報告書はまた、マネジリアリズム（managerialism）、法令遵守文化、不十分な運営力量、不適切なアカウンタビリティによって生み出された、学校制度全般にわたる多くの問題を指摘していた。ただし重要なことは、この報告書は、これまで述べてきたような、「明日の学校」改革のもとで生じてきた教育制度のプライバタイゼーションについて、多くを述べていなかったことであった。検討会議メンバーの複数が、そのことに強い関心をもっていたにもかかわらず、である。「公教育」という用語にも、言及はなかった。検討会議は、そのような課題について議論することが、公立学校システムへの民間セクター関与を支持する勢力からの反発を招くことになる、と判断していたように思われる。

学校セクターからの抵抗と民間アクターの継続的な利用

「教育ハブ」を設置するという検討会議の提案には、学校部門、特に社会経済的に高いコミュニティの校長から、強い抵抗がただちに示されることとなった。校長たちは、提案された仕組みが「官僚的な」提案であり、それは学校の指導者としての自律性を低下させるものでしかなく、利点は見られないことを、メディアやソーシャルメディアを通じて、すぐさま表明したのである（Collins 2018）。検討会議の提案は、過去30年間にニュージーランドにおける自己経営管理環境で成長した視点である、学校指導者のビジネス志向に、本質的に反するものであったのである。そのとらえ方とは、学校がいつでも民間アクターを利用できるようにすることを全般的に支持するというものである。

公開協議期間後に「明日の学校」検討会議は、報告書の要点を補強する改訂報告書（「明日の学校」独立検討会議、2019年）を発表した。この最終報告書にはしかし、教師の専門的な研修に「認定された民間プロバイダー」を利用することが述べられていた。この提案は、民間アクターのための場を、学校再編提案に認める、最初となったのである。

検討会議報告に従った政府の対応により、教育省内に「教育サービス機構」が設立された（Ministry of Education 2019）。このことが、学校管理運営の観点からみた場合に、教育省内で提案されたサービスを学校が受けることを求められるのだとしても、「教育ハブ」提案の骨抜きを表しているのかどうかは明らかではない。だが確かに、校長たちが心配していた、さらに別のレベルの組織をつくることにはなっていなかったのである。最初の報告の時と比べると、学校からの反応はほとんど見られなかった。政府の対応では「民間プロバイダー」についての議論はなかったが、対照的に、教育改革の実現を担当する教育省の一つの「重点施策」は、「世界水準のインクルーシブな公教育」と呼ばれたものであった。また、新型コロナウイルス感染症の影響により、2020年10月までに意図された改革のどれだけが実行されるかは、もはや確実ではないことに注意することも重要である。

教育省が使う「公教育」という言葉は、公教育システムから民間関与を離脱させようとする意志を示しているのかも知れないが、労働党連立政権はこれまでのところ、前政権により推進された民間アクターのための支援策から完全に離脱しようとする意志においても、その可能性という点でも、大きな制約を受けているのである。たとえば、教師不足に直面して、政府は教師教育の民間サプライヤーであるTeach First New Zealandを維持している。政府はまた、教師のための専門能力開発に、多くの民間プロバイダーを引き続き使っている。たとえ、彼らのサービスによって質、コスト、コンテキストとの関連性の問題が繰り返し指摘されたとしても、教育システムは現在、民間アクターに大きく依存している。現実には、新自由主義政策はかなりの程度まで、国家の役割を掘り崩しているのである。この論文では、義務教育セクターに焦点を当ててきたが、ニュージーランドの教育システムでは、民間アクターへの依存は、ニュージーランド教育システムの幼児期と高等教育セクターにおいて、より顕著になっている。幼児セクターは営利目的のために高度にプライバタイゼーション化されており、教師による幼児サービスでもその55％が民営であり、在宅サービスにおいては91％が民営となっている（2019年の数値）。一方、高等教育機関にも複数の民間プロバイダーがあり、大学やポリテクニックは民間セクターに多くの機能を委託している。

結論

ニュージーランドは、学校改革に取り組んでおり、その改革に民間アクターがどの程度関与すべきなのかを観察するためには興味深い国である。ここで重要な政策課題は、民間のアクターを使用することのコストと利点を考慮することにある。ニュージーランド政府は、いくつかの活動を政府内に戻す決定をおこない、教員給与システムの外注は失敗し、教育省内に戻された。これは国営企業である Education Payroll Ltd.を通じて行われたものであったが、現在は、政府が教育給与サービスの責任を負っている。スクール・トランスポートも、外部の請負業者よりも適切に管理できると教育省が判断したために、政府に戻されたもう一つの領域である。

新型コロナウイルス感染症によるパンデミック後には、民間による解決策ではなく政府の介入につながる決定が、より多くおこなわれる可能性がある。一方、ニュージーランドが今年初めに新型コロナウイルス感染症に対するロックダウンに入ったとき、教育省は教師と学校のためのヘルプデスクを、教育トラストである CORE に委託した。さらに教育省は最近、Philanthropy New Zealand（慈善団体の主要組織）との覚書に署名し、政府と慈善団体が教育開発で協力することになった。

この分野でのもう１つの大きな課題は、学校のスタッフが、商品やサービスを扱っている組織についての知識を深めることによって、目の肥えた消費者になることである。しかし、教えることは専念することが必要となる活動であるが、民間によるサービス提供に関する取り決めはしばしば複雑である。その結果、教育者が民間アクターに批判的な質問をするために必要なデータの収集まで手が回らないのである（O’Neill and Powell 2020）。したがって、政策担当者、教師、校長が、学校において民間アクターの関与について日常的に意思決定をおこなっていけるようにするためには、教育研究がプライバタイゼーションに関する識見を彼らに提供することがどうしても必要なのである。

注

（1）この章、以下の議論をもとにしている。Woods, B., Thrupp, M. & Barker, M. (2020). Education policy changes and continuities since 1999. In G. Hassall & G. Karacaoglu, Social Policy in Aotearoa New Zealand. Palmerston North: Massey University Press.　ニュージーランドにおける教育政策の背景を、説明するためのものである。

（2）Private schools は、ニュージーランドでは independent schools と呼ばれる。

参考文献

・Ball, S. J. & Youdell, D. (2007). Hidden privatization in public education. Brussels: Education International.

・Collins, S. (2018, December 7). Big schools vow to resist 'Stalinist' school bureaucracy *New Zealand Herald.* https://www.nzherald.co.nz/nz/big-schools-vow-to-resist-stalinist-school-bureaucracy/KYGRGS6Q2OESPD5XAYFJPFSWQM/

・Fitzsimons, Tom. (2017, July 1). "Special Characters: The State-Funded Schools that Ask Pupils for $5000 and More." *Dominion Post*. https://www.stuff.co.nz/dominion-post/news/94231092/special-characters-the-statefunded-schools-that-ask-pupils-for-5000-and-more#comments.

・Hatton, E. (2018, October 18). Education bill passing signals end of 'privatisation and deregulation' *Radio New Zealand News* https://www.rnz.co.nz/news/national/368962/education-bill-passing-signals-end-of-privatisation-and-deregulation

・Hipkins, C. (2014, February 25). Privatisation by stealth – the John Key way. New Zealand Labour Party Press release.

・Hogan, A. & Thompson, G. (2017). Commercialization in Education. *Oxford Research Encyclopedia Of Education*. doi: 10.1093/acrefore/9780190264093.013.180

・Ministry of Education. (2019). *Supporting all schools to succeed: Reform of the Tomorrow's Schools System* Wellington: Crown

・O'Brien, T. (2020, November 12). Despite her massive mandate, Ardern's agenda will be resolutely middle of the road. *The Guardian* https://www.theguardian.com/world/2020/nov/13/despite-her-massive-mandate-arderns-agenda-will-be-resolutely-middle-of-the-road

・O'Neill, J. & Powell, D. (2020). Charities and state schooling privatizations in Aotearoa New Zealand. In A. Hogan & G. Thompson (Eds)

Privatisation and Commercialisation in Public Education: How the Public Nature of Schooling is Changing. London: Routledge.
・Sweetman, R.（2002）. *A Fair and Just Solution? A History of the Integration of Private Schools in New Zealand.* Palmerston North: Dunmore Press.
・The Treasury.（2015）. *The New Zealand PPP Model and Policy: Setting the Scene. A Guide for Public Sector Entities.* Wellington: The Treasury.
・Thrupp, M. with Lingard, B. Maguire, M., & Hursh, D.（2018）. *The Search for Better Educational Standards: A Cautionary Tale.* Gewerbestrasse: Springer.
・Thrupp, M., O'Neill, J., Powell, D. & Butler, P.（2020）. Private actors in New Zealand schooling: the path to saturation. *Journal of Educational Administration and History*, DOI: 10.1080/00220620.2020.1726882
・Tomorrow's Schools Independent Taskforce. 2018. *Our Schooling Futures: Stronger Together.*（*First Report*）Whiria Ngā Kura Tūātinitini. Wellington, NZ: Ministry of Education.
・Tomorrow's Schools Independent Taskforce. 2019. *Our Schooling Futures: Stronger Together.*（*Final Report*）Whiria Ngā Kura Tūātinitini. Wellington, NZ: Ministry of Education.

（ワイカト大学）

※日本語訳・荒井文昭

特集２：学校自治と教育スタンダード

教師と校長のプライバタイゼーションに関する認識と知識、そして鑑別

勝野　正章

1．国家による教育提供の空洞化とマネジリアリズムの浸透

マーティン・スラップ教授の基調報告で印象的なことのひとつは、ニュージーランドの学校管理職が公立学校制度とその周辺におけるプライバタイゼーションを、積極的に推進するのではないにしても、受容していることである。これは、「明日の学校（Tomorrow's Schools）」に関する独立したタスクフォースの最初の報告書に対する校長たちの抵抗、具体的には「教育ハブ（Education Hubs）」の設置という報告書の提案を民間プロバイダーの使用に関する自分たちの自律性を制約するもの、すなわち官僚制的レイヤーを再導入するものと受け止め、反発したことにうかがえる。「教育ハブ」を創設する理由は、恵まれた地域と不利な地域の学校の間に存在する、サービスや商品を含む、さまざまなリソースを使用する能力のギャップという問題に対処することであるとするならば、このような校長たちの抵抗は、教育における平等、公正、社会正義の理念への挑戦であるとも考えられる(1)。

では、校長たちはどのようにプライバタイゼーションの理念を受容するようになったのだろうか。スラップ教授は、1980年代に「明日の学校」によって導入された学校の自律的学校経営政策が校長のビジネス志向に影響を与えたと説明している。その後数十年にわたって、マネジリアリズムの文化（managerialist culture）は徐々に校長たちの間に浸透していった。その一方で、「私的アクターの提供するサービスについて、質、コスト、文脈に即したものであるかどうか（relevance）の問題がしばしば指摘されてきたにも関わらず、新自由主義政策が国家による教育提供を空洞化させてきた結果、もはや教育制度は私的アクターに大きく依存するまでになっている」（本年報 p.60）とスラップ教授は指摘する。校長のビジネス志向の文化も、国家による教育提供の後退も是正することは簡単ではない。スラップ教授は、プライバタイゼーションのプ

ロセスを逆転させることの難しさを警告している。

2．日本におけるプライバタイゼーションの現段階

おそらく、公立学校教育とその周辺におけるプライバタイゼーションという点では、日本もニュージーランドに遅れをとっているわけではない。過去20年間、日本の中央政府は、私的アクターが学校運営に参加する機会を拡大することに熱心であった（小林 2014）。2003年には、私立学校を提供してきた長い歴史を持つ学校法人と並んで、株式会社が「構造改革特区」で私立学校を設立・運営することが可能になった。また、地方公共団体が学校の土地の譲渡または貸付により支援することで、私的アクター（株式会社、NPO など）が学校法人となることを容易にする規制緩和施策も実施されている。2015年には、さらなる規制緩和が法制化され、「国家戦略特区」において、地方公共団体が学校の包括的運営を私的アクターに委託できることになった。それ以前は、学校運営の一部（清掃、給食、警備など）に限って委託が可能であった。この規制緩和により、2019年に初の公設民営学校として、水都国際中学・高等学校が開校した。大阪市は、国際バカロレア（IB）プログラムなどを活用した「未来のグローバルイノベーターの育成」を目的に掲げて、学校を設立し、学校法人である大阪 YMCA に運営を委託した（https://osaka-city-ib.jp 参照）。渋谷（2019）は、この公設民営学校の開校を新自由主義と「国際理解のための教育」との結節点であるとして、それが国際理解を真に促進するものとなるかを考察している。渋谷によれば、IB の導入は、「グローバル市場での競争力増強という政治・経済的な意図と、国際理解の推進という教育的な意図とをともに満たし得る」（p.64）のであり、一方における大阪市教育委員会が発行した学校案内（予告版）及び学校の公式ウエッブサイトと他方における同教委と大阪 YMCA が作成した School Guide 2019との間には、その両面性を反映する形で目指す学校像や教育をめぐるレトリックのずれが認められるという[(2)]。

私的アクターが学校教育に関与している分野は他にも少なくない。いくつか例をあげるならば、財政（Public Finance Initiative）、校務支援システム、オンライン学習コンテンツとツール（たとえば、ベネッセとソフトバンクが共同で設立した同名の会社が提供する Classi）、評価・テストなどである。さらに、Covid-19によって引き起こされた危機の中で、中央政府が学校への ICT 導入を加速化していることは注目に値する（文部科学省の GIGA スクール構

想について、https://www.mext.go.jp/a_menu/other/index_00001.htm を参照)。これにより、IT 業界が学校教育におけるより大きな位置を確実に占めることになろう。現時点では、日本の教育制度が私的利益（private interests）の影響をどれほど受けているか、また受けることになるのかを包括的に検討した研究は見当たらないので、早急に行われる必要がある（Cf. Thrupp, O'Neill, Powell, and Butleret 2020）。

3．校長と教師のプライバタイゼーションに対する認識

こうしたニュージーランドと日本の文脈において、筆者は校長と教師がどのようにプライバタイゼーションを理解しているのかに特に関心がある(3)。イングランドのアカデミー（Academy）については、Papanastasiou（2017）が、校長は民間スポンサーに対して教育者としての境界線をどのように引いているか、また、交渉したり、異議を申し立てているかを研究している。オーストラリアの文脈においては、Hogan ら（2018）が公立学校における教育の商業化（commercialisation）に対する教師とスクールリーダーたちの認識を質問紙調査の手法により探究している（Hogan, et al. 2018）。ここで商業化とは、営利プロバイダーによる学校向け教育製品及びサービスの開発、マーケティング、販売を意味しており、その対象はカリキュラム、評価、データ・インフラ、デジタル・ラーニング、リメディアル教育、教職員研修、校務支援など広範囲に及んでいる。教師とスクールリーダーは、商業化のある側面は今日の学校と教室を成功裏に運営するために必要であると認めると同時に、「表面的には無害な（innocuous）サービスが危険な（perilous）ものに変わる微妙な一線」（p.141）の存在を報告している。とりわけ、何をどう教えるかに関する自律性が失われかねないこと（脱専門職化：de-professionalisation）への懸念が表明された。日本の教育における私的利益の影響に関する包括的な研究の必要性については上述したが、Hogan ら（2018）が主張するように、学校、教職員、政策決定者、市民によるプライバタイゼーション、もしくは商業化に関する「倫理的討論（ethical debate)」（p.158）が日本でも求められる。

スラップ教授の基調報告からは、ニュージーランドの校長のプライバタイゼーション、あるいはウェンディ・ブラウンが「新自由主義のステルス革命」（ブラウン 2015）と呼ぶものの受容は、「個人が自己概念と一致し、それを支持する個人的アイデンティティを作り上げ、維持するために従事する諸行為」

（Woods and Jeffrey 2010）と定義されるアイデンティティ・ワークとは対照的であるように見える。しかし、筆者は、ニュージーランドの教育者、校長と教師の双方はなお教育の公共的、平等主義的、進歩的な価値を保持しているような印象も抱いている。校長の専門的な思考様式における変化のように見えるものは徹底的かつ広範なものであるのか、それとも少数ではあるが、強力な声を表しているだけなのだろうか。ニュージーランドの校長が公と私の境界に存在する潜在的な緊張をどのように理解し、対処してきたかについてより詳しく知りたい。関連して、スラップ教授は別の論稿において、ニュージーランドの子どもたちの学業達成についてのアカウンタビリティを課す手段である教育スタンダードを受容する「新種の校長（new breed of principals）」について問いを提起していた（Thrupp 2018）。また、教師がプライバタイゼーション、つまり過去30年間に実施された「明日の学校」政策をどのように理解し、対応してきたのか、また、劇的ではないにしても新たな政策変化にどのように対応しようとしているのかを知りたいと思う。ここで筆者は、校長（学校管理職、スクールリーダー）と教師の専門的な志向性の間に生じ得る緊張または亀裂に関心がある。それは学校の協同的かつ民主的な運営を脅かす可能性があるからである。

最後に、基調報告の最後の段落で述べられている校長と教師の「鑑別力（discernment）」についてもう少し詳しい説明を伺いたい。教職員はどのようにして、プライバタイゼーションのメリットとデメリットについての知識を持つことができるのだろうか[(4)]。そのために教育研究が果たす重要な役割には同意するが、他にも有効な解決法はないのだろうか。さらに、校長と教師があえて教育の公共的かつ民主的な価値を保持しようとする場合、その価値を損なうプライバタイゼーション政策と実践の側面に対してはどのように抵抗できるのだろうか。その答えは、そうした政策と実践と格闘しているすべての教育者にとって、直面している困難を乗り越える一助となるだろう。

注

（１）筆者の疑問に対してスラップ教授は、社会経済的に恵まれた地域の校長と学校理事会（boards of trustees）が自分たちの恩恵をそれほど恵まれていない地域の学校と共有することを好まないという面は確かにあるものの、いずれのタイプの学校の校長も「明日の学校」施策によって提供された自律性を享受していることもまた事実であり、現実はより複雑であると後日の文書で応答した。学校間の平等に寄与し得る、リーダーシップと資源調達に関する標準化されたアプローチへの抵抗は必ずしも恵まれた地域の学校の校長にだけ見られるものではないという。それだけマネジリアリズムの文化が広く浸透しているということだろう。

（2）渋谷（2019）は、IBには恵まれた階層の再生産装置として機能する側面があるとの指摘がなされてきたことに言及したうえで、IBが本来、国際理解教育を促進する優れた教育プログラムであるならば、それは平等に享受されなければならないのであり、その点、大阪市が「公立」にこだわったことを評価する一方で、公的資金を集中的に投資することによる不平等の拡大にも警鐘を鳴らしている（pp.63-64）。ここにも一筋縄ではいかない複雑な力学が見られるのであり、同校の具体的な管理運営と教育活動、その効果を注意深く検証する必要があるだろう。

（3）スラップ教授から、ニュージーランドの校長と教師がプライバタイゼーションをどのように認識しているかという問題については、オークランド大学のDarren Powellによる一連の研究を参照するよう教示を受けた（Powell 2014, 2015a, 2015b）。Powellによれば、ニュージーランドの校長と教師は教育のプライバタイゼーションが孕む危機を理解しているものの、その信念と日々の行動との間に不和が見られる。すなわち、校長と教師は、児童・生徒にとって何かしらの直接的恩恵があると思うならば、私的アクターに対する自分自身の懸念を敢えて棚上げにすることも厭わないという。

（4）この点について、スラップ教授は、研究が果たし得る役割に加え、私的アクターに関する情報を教師と校長に提供するある種の監視機関（watch-dog group）が必要であると応答した。私的アクターは一様ではないのであり、その利点と問題点、両方に関する知識を教師と校長が得て、価値、ネットワーク、実践などの点においてより問題の少ない私的アクターを選べるようにする必要があるという。

引用・参考文献

・小林美津江（2014）公立学校運営の民間への開放：公設民営学校の解禁, 立法と調査 350, 86-93.

・渋谷真樹（2019）公設民営学校による国際バカロレアの導入は国際理解を推進するのか：新自由主義と国際理解教育の結節点としての「グローバル人材」育成, 国際理解教育25, 57-66.

・Brown, W.（2015）. Undoing the demos: neoliberalism's stealth revolution. New York, Zone Books.（中井亜左子訳（2017）『いかにして民主主義は失われていくのか：新自由主義の見えざる攻撃』みすず書房）

・Hogan, A., Thompson, G., Sellar, S., and Lingard, B.（2018）. Teachers' and school leaders' perceptions of commercialisation in Australian public schools. The Australian Educational Researcher 45 (2) : 141-160.

・Papanastasiou, N. (2017). Practices of boundary-work in the collaboration between principals and private sponsors in England's academy schools. Journal of Education Policy 32(1): 82-99.

・Powell, D. (2014). Outsourcing: the hidden privatisation of education in New Zealand. Teachers and Curriculum 14 : 29-32.

・Powell, D. (2015a). "Part of the solution"? Charities, corporate philanthropy and healthy lifestyles education in New Zealand primary schools. (Doctoral dissertation, Charles Sturt University, Bathurst, Australia). Retrieved from https://researchoutput.csu.edu.au/files/9316089/80326

・Powell, D. (2015b). Assembling the privatisation of PE and the 'inexpert' teacher. Sport, Education and Society 20(1): 73-88.

・Snow, D. A., and Anderson, L. (1987). Identity work among the homeless: The verbal construction and avowal of personal identities. American Journal of Sociology 92(6): 1336-1371.

・Thrupp, M. (2018). The search for better educational standards: a cautionary tale, Springer International Publishing AG.

・Thrupp, M., O'Neill, J., Powell, D., and Butleret, P. (2020). Private actors in New Zealand schooling: the path to saturation. Journal of Educational Administration and History 52(4): 1-18.

・Woods, P., and B. Jeffrey (2010). The Reconstruction of primary teachers' identities. British Journal of Sociology of Education 23(1): 89-106.

（東京大学）

特集２：学校自治と教育スタンダード

ニュージーランドの学校自治と教育スタンダード

石井　拓児

1．NZの教育改革の新自由主義的性格と教育の「商品化」

筆者がニュージーランド（以下、NZ）の教育政策に強い関心をもったのは、2000年代、日本で本格的な新自由主義教育改革が進行し、とりわけ私たちの研究機関の足もとで、新自由主義的な大学改革がすすめられ（国立大学法人化とそれに伴う大学運営交付金の競争的配分）、その改革モデルのひとつに「新自由主義の実験国」であったNZの教育政策があったからである。日本よりも早い段階ですすめられた新自由主義改革が、教育研究分野に何をもたらしているのかを検証する課題が生じていた（石井 2008、石井 2014）。

第Ⅰ期（1984-1990、労働党政権）	ロンギ政権（1）(2)～パーマー政権～ムーア政権
第Ⅱ期（1990-1999、国民党政権）	ボルジャー政権（1）(2)(3)～シップリー政権
第Ⅲ期（1999-2008、労働党政権）	クラーク政権（1）(2)
第Ⅳ期（2008-2017、国民党政権）	キー政権（1）(2)(3)
第Ⅴ期（2017-、労働党政権）	アーダーン政権（1）(2)

1980年代に国際金融貸付機関であるIMFからの強い政策誘導によってすすめられたNZの新自由主義改革は（Clark, ed. 2005：131-132）、80年代後半には教育分野に波及するようになる。経済団体ビジネス・ラウンドテーブル（NZBR）が教育改革シンクタンクEducation Forumを立ち上げ、ロビー活動や世論形成を積極的にすすめていた（Marshall, Peters and Smith 1991, Olssen and Matthews 1997）。これを本格的に推進したのは、1990年以降の国民党ボルジャー政権であった。

しかしながら、NZでは、1996年から「Mixed-Member Proportional (MMP)」という選挙制度に変更され、それまでの小選挙区制から、ドイツの選挙制度をモデルとした小選挙区比例代表併用制に変わった（Boston, Dalziel and John, eds. 1999)。この選挙制度は事実上の比例代表制であり、以後、すべての選挙で単独で過半数を獲得した政党はなく（2020年選挙で労働党がMMP 導入後初めて単独で過半数の議席を獲得したが、政権は連立を組んでいる)、すべて連立政権であり、新自由主義改革はそれなりに実行されはするものの、たえず国民合意を図る必要に迫られ、日本の改革と比べてもそれほど暴力的な改革にはみえない。

NZ の新自由主義教育改革が非常に特徴的にみえるのは、NZ が英語圏に属し、アジアからの留学生を大量に受け入れるようになっていることにある。1990年代に教育産業分野の経済団体として New Zealand International Education Limited が設立されている（2000年に Education New Zealand と改称)。2001年８月教育省から「NZ における教育輸出：この分野の成長のための戦略的アプローチ」が出され、観光協会（Tourism NZ)・貿易協会（Trade NZ)・教育産業協会（EdNZ）が連携組織 New Zealand International Education Marketing Network（NZIEME）を形成している。Martens and Starke（2009）によれば、教育輸出は４番目に大きい国内産業へと成長している。

このもとで、80年代半ばまでは留学生も大学授業料は無償で措置されていたNZ であったが、90年代から留学生数は飛躍的に拡大したことをうけ、授業料負担制度が導入されるようになり、その後、授業料負担は一般大学生にも拡大した。NZ の教育改革の新自由主義的性格は、こうした状況に大きく規定されているとみるべきであろう。

２．教育スタンダード政策の展開とその問題状況をどうみるか

NZ の学校における伝統的な評価システムは、NRA 相対評価（Norm-referenced assessment）であったが、1990年代教育改革によって「スタンダードに準拠した評価（Standards-based assessment：SBA)」が持ち込まれるようになる。この時期、評価機関 NZQA（New Zealand Qualifications Authority）が設立され、評価枠組み NQF（National Qualification Framework）も設定されている。評価システムの「パラダイム転換」と呼ばれている。NZQA の政策形成に関わった Barker は新しい評価システムを「第三の評価（The third way)」と称したが、Hall は、「SBA と新自由主義は内在的に結合するものであった」と厳しく指摘している（Hall 2005：238)。

2010年には、ナショナルカリキュラムとしてニュージーランド・カリキュラム（The New Zealand Curriculum）が導入された。カリキュラムのスタンダード化は学校や生徒の序列化をもたらし、競争を激化させた。NZ国内では、新聞や雑誌がNCEAを用いた学校の「リーグテーブル」を公表することが一般化するようになってきた（Thrupp and Alcorn 2011）。

後期中等教育段階では、資格制度「教育到達度国家証書（National Certification of Educational Achievement: NCEA）」が導入された。進学や進路の選択に当たっては、それぞれの高等教育機関や職業ごとに設定される「スタンダード」を組み合わせて活用する仕組みである。コンピューターを用いた全国統一テストが実施され、生徒は自らのスコア状況をウェブで確認する。各科目におけるスタンダードの選択や単位数の設定は学校の裁量に委ねられていたが、外部的に設定されるスタンダードのスコアを獲得することが中心の外部評価（External Assessments）が主軸となり、それまでの内部評価（Internal Assessments：主に校内試験）との決定的な違いが表れるようになる。

その一方、学校現場では、ポートフォリオ評価などInternal Assessmentsに比重を置くなどして、なおも抵抗的であった点にも留意が必要である。外部評価は、教師の独立性と専門性を脅かすものであり、そのもとでは子どもの一人ひとりの成長発達の実態や発達課題を正しくとらえることはできないとの見解が、教職員組合を中心に広く問題提起された。教育スタンダードの政策意図をできる限り抑制し、さらにはスタンダード廃止を導くNZ国内における社会的パワーの存在を、いささかも軽視することはできない。

ところで、日本では、教育スタンダードの設定が先進各国のなかでもかなり早かったことをどう考えればよいであろうか。日本では、1958年以来の学習指導要領（course of study 1958）が「法規拘束性」を有するものとされ、教科書や入学選抜テスト（すなわちexternal assessment）の基準性として用いられたことにより、きわめて強い影響力を学校現場にもたらしてきた（それでも日本の教育実践においては、独自の教育評価方法を開発するなどの取り組みも各地に見られたことには留意する必要がある）。学習指導要領は、その後、約10年おきに改訂され、その都度、記述量が増加し、それゆえ学校・教師の自主性・専門性が発揮される場面が減退させられてきた。

2006年教育基本法改正によって教育目標が法定化され、2007年の学校教育法改正で教育目標に「学力観」が規定された。これは、学校評価・教育委員会評価の法制化と連動するものでもあった。ここに、日本における新自由主義的な教育システムのひとつの完成形をみることも可能であろう。2018年の学習指導要領の改訂では、教育内容（到達度）のみならず、教育方法、教育評価および学校運営のあり方まで規定されるに至っている。ここで、「国家による教育目標設定」という問題をどう考えるかについて考察しておきたい。

第一に、「国家による教育目標設定」と教育の自由・自主性（学校の自治・自律性）との衝突という問題である。新自由主義改革では、国家は、教育目標・教育スタンダードを設定（場合によっては法的規定）するものの、目標設定・スタンダード設定に合致するアウトカムの創出のために、学校は「自由に」教育課程をデザインすることとされる。「自律的学校経営」政策である。一方、アウトカムについて、学校は、モニターを受け、「説明責任（accountability）」が求められる。新自由主義改革のもと、世界のどの国でも、教育のアウトカムは、教師の教育的力量や学校教育活動における生徒自身の努力よりも、教育条件や地域の経済的条件に圧倒的に規定されるという問題が生じている。

第二に、新自由主義的教育改革手法に内在する財政配分を通じた国家統制という仕組みの問題である。新自由主義は、もともと fiscal austerity（緊縮財政）に対応する諸領域の改革という性格を有している。OECD によれば、funding system を用いた財政誘導の仕組みを導入することが世界のトレンドとなり、高等教育分野で顕著にみられるところである（OECD 2008）。ここに「ガバナンス（governance）」と「ステアリング（steering）」の新しい関係も見出される（石井 2019）。

そこで、ひとつの論点を提起するとすれば、NZ では、ファンディングを通じた権力機関による「ステアリング（誘導）」と「コントロール（支配）」という問題をどのようにしてクリアしているのかという点にある。

NZ では、1990年代後半に bulk funding system（一括運営交付金方式）が導入されているが、きわめて競争的な財政配分方式であったために多くの問題が表面化し、とりわけ個別の学校において財政的欠乏状態が深刻化したため、すぐに廃止された（石井 2008）。これに代わる Decile funding system は、社会的経済的に困窮している地域の学校（Low-decile school）により手厚く財政保障（providing extra resources）する仕組みとして導入されている。果たして、この学校財政制度は「福祉国家的」（not neoliberalism but welfarism）と言いうるのかどうか。新自由主義からの離脱を表明している現政権の教育大臣 Chris Hipkins が、昨年、遅くとも2022年まで（できれば2021年中）にこの制度を廃止するとしているのはいったいなぜか。また、教育スタンダードと、学校財政制度はどのような関係にあったとみればよいのであろうか。切り離されたものであるのか、組み込まれたものであったのか、さらにはその運用実態がどうであったかということも検証される必要がある。

3．市場化・民営化と教育の自由・学校の自治の行方

スラップ報告は、冒頭、「ニュージーランドの経験からの、日本などの他の国々に対する主な教訓は、民営化がひとたび教育システムに組み込まれると、民営化のプロセスを逆転させることがいかに難しいかということにある」ときわめて重要な問題を指摘している。

ひるがえって日本では、政府の教育に対する財政支出が極力抑えられ、したがって子どもや青年の教育機会の提供は多くの私立学校に委ねられてきたという特殊な歴史的事情がある。日本の私立学校は非営利ではあるものの、授業料は非常に高く、エリート教育（スポーツエリートの教育を含む）に特化する学校も少なくない。日本では、NZ と比較しても「市場化・民営化」したかなり巨大な公教育空間が長きにわたって存在しているのであり、これを埋め戻すことは相当に難しいということになるであろうか。

早くから新自由主義教育政策が持ち込まれた NZ において、教育の自由と学校の自治、教師の専門性と自律性を脅かす新自由主義に対する格闘（struggle）の歴史があり、そのなかで鍛えられた実践的な経験や研究者らの知見から学ぶべき点は多い。NZ において、教育スタンダードと財政システムのもと、教育の自由と学校の自治はどのように担保されているのか、学校・教職員の専門性と自律性をめぐってどのような状況が生まれているのか、自主的な学校運営や教育課程づくり（School-based curriculum design）の現状はどうなっているのか、究明すべき課題を挙げて本シンポジウムへの論点提起としたい。

参考・引用文献

石井拓児（2008）「ニュージーランドにおける新自由主義教育改革の展開とその特徴――新自由主義教育改革の今日的段階」佐貫浩・世取山洋介編『新自由主義教育改革――その理論・実態と対抗軸』（大月書店）

石井拓児（2014）「グローバリゼーションとニュージーランドの大学改革」細井克彦・石井拓児・光本滋編『新自由主義大学改革――国際機関と各国の動向―』（東信堂）

石井拓児（2019）「新自由主義大学改革と大学財政システムの変容――日本型大学財政システムの歴史的特質と問題点」（『法の科学』第50号、日本評論社）

Boston, J., Dalziel, P. and John, S. S., eds.（1999）, *Redesigning the Welfare State in New Zealand: Problems, Politics, Prospects*, New York: Oxford University Press.

Clark, M., ed.（2005）, *For the Record: Lange and the fourth Labour Government*, Wellington, Dunmore Publishing, 2005, pp131-132.

Hall, C.（2005）, The National Certificate of Educational Achievement: Is there a Third Way?, in Codd, J. and Sullivan, K., eds., *Education Policy Directions in Aotearoa New Zealand*, Dunmore Press.

Marshall, J., Peters, M. and Smith, G.（1991）, “The Business Round Table and the Privatisation of Education: Individualism and the Attack on Maori”, Discourse.

Martens, K. and Starke, P.（2009）, Small country, big business? New Zealand as education exporter, *Comparative Education*, vol.44, No.1.

OECD（2008）, *Tertiary Education for the Knowledge Society: VOLUME 1 : Special features: Governance, Funding, Quality - VOLUME 2: Special features: Equity, Innovation, Labour Market, Internationalisation*, OECD Education & Skills, vol. 2008, no. 9, OECD, Paris.

Olssen, M. and Matthews, K. M.（1997）. *Education Policy in New Zealand: The 1990s and Beyond*, The Dunmore Press.

Thrupp M. and Alcorn, N.（2011）, A little knowledge being a dangerous thing?： Decile-based approaches to developing NCEA league tables, *New Zealand Annual Review of Education.*

（名古屋大学）

特集 3

教育と福祉の統一的保障をめぐる教育政策の課題と展望

特集３：教育と福祉の統一的保障をめぐる教育政策の課題と展望

子どもの貧困と現代国家
――扶養の私事性と国家装置としての学校教育

中嶋　哲彦

はじめに

日本では2013年に子どもの貧困対策の推進に関する法律（平成25年法律第64号、以下「子どもの貧困対策推進法」）が制定され、子どもの貧困が政策的優先事項のひとつであることが確認された。政府は同法に基づき、2014年８月に「子供の貧困対策に関する大綱～全ての子供たちが夢と希望を持って成長していける社会の実現を目指して～」（以下「第一次大綱」）を閣議決定した。貧困問題は世帯所得や社会福祉に関連し、その対策は主として厚生労働省の所掌事務に属すると考えられるが、上記の第一次大綱では、また2019年の「子供の貧困対策に関する大綱～日本の将来を担う子供たちを誰一人取り残すことがない社会に向けて～」（以下「第二次大綱」）でも、政府は子どもの貧困対策の中心に「教育の支援」を据えている。

子どもの属する世帯の経済的事情で教育を受ける機会が失われたり、修学の実質を伴わない形式的な在学に留まったりすることなく、教育の機会均等を確保することは日本国憲法第26条（教育を受ける権利）及び教育基本法第４条（教育の機会均等）が要請するところであり、教育の機会均等の確保は子どもの貧困対策上も重視されなければならない。しかし、教育制度もまた国家の政策目標を達成すべく編成された一つの国家装置であるとすれば、貧困の状態にある子どもに対する学校教育の「保障」がどういう意味をもつのかを批判的に考察しないわけにはいかない。

他方、子どもとその家族に対する経済的・社会関係的援助は子どもの貧困対策として不可欠である。その場合、そもそも今日の日本で子どもの養育が社会制度としてどのように位置づけられ、養育に関連する制度はどのように編成されているのか、また社会福祉制度は国家装置としてどのように機能することが予定されているのかに、注目しないわけにはいかない。

本稿では、①日本における子どもの貧困対策が「教育の支援」中心に設計されていることを確認したうえで、②現代資本主義国家においては子どもの養育が扶養と教育に切り分けられ、③前者については世帯単位の自己責任で処理すべき私事とされ、公的扶助は例外的措置とされていること、④後者については学校教育が国家装置として組織され、国家的見地から貧困世帯の子どもを含め全国民を教育制度に包摂していることについて試論的に考察する。

1.「教育の支援」中心の子どもの貧困対策

かつて貧困は発展途上国に固有な問題であると考えられていたが、今日では絶対的貧困と区別される相対的貧困が分析概念として獲得されたことにより、先進国における相対的貧困の存在が認識され、子どもの貧困が優先的政策課題として把握されるようになった。ユニセフは、各国政府が優先的に解決すべき社会政策上の課題として、先進国における子どもの貧困に重大な関心を払い(1)、この問題に関する国際的世論の形成に重要な役割を果たした。

たとえば、2010年労働党政権下のイギリスでChild Poverty Act 2010（以下「子どもの貧困法」）が制定され(2)、2018年にはニュージーランドでも労働党を中心とする連立政権の下でChild Poverty Reduction Act 2018（以下「子どもの貧困削減法」）が制定された。これらの法律では、子どもの貧困率などの複数の貧困指標について、達成すべき数値目標と達成期限を定めて、政府にそれらの削減を義務づけた。子どもの貧困率は再分配後の可処分所得の分布状況を反映するものだから、貧困率の削減には、①世帯所得ができるだけ平準化するよう労働市場を誘導するとともに、②税と社会保障を通じた所得再分配により各世帯の可処分所得を平準化させることが有効であろう。また、経済的困窮に起因または関連して生ずる、学校教育や保育、栄養のある食事や保健衛生医療、地域社会や情報通信など、さまざまな場面での排除や剥奪を生み出す制度や関係性を是正することも必要であろう。1980年代後半ごろから新自由主義的構造改革政策を積極的に進めてきた国々では、所得格差が拡大し相対的貧困が増大する一方、それを是正・緩和する社会諸制度が次々に廃止または縮小されてきた。上記両国の立法からは、新自由主義的構造改革によって機能不全に陥った租税制度と社会保障制度を修復または是正する意図が読み取れる。

しかし、これらと同じような名称でありながら、日本の子どもの貧困対策推進法には、子どもの貧困削減目標の定めはもとより、「貧困の状態にある子ども」（第1条）というときの「貧困」を一義的に定義する条項さえ存在しない。つまり、子どもの貧困対策推進法は、所得水準や所得再分配制度の改善を必然的に要請する論理を備えていないのである。そして、子どもの貧困対策を「教育の支援」「生活の支援」「就労の支援」「経済的支援」で構成することを定め(3)、政府は子どもの貧困対策として「教育の支援」に力点のかかった施策を展開してきた。しかも、2019年の同法改正（令和元年法律第41号）前、同法第1条は、子どもの貧困対策の目標を「子どもの将来がその生まれ育った環境によって左右されることのないよう」にすることと定め、子どもが直面する貧困問題を直ちに解決するのではなく、子どもが将来自分自身の努力で貧困から離脱することを、主として「教育の機会均等」を通じて「支援」する旨の定めになっていた(4)。

このため、政府が2014年に閣議決定した第一次大綱では、13項目の「子供の貧困に関する指標」のうち10項目が学校教育やその成果（進学・就職）に関するものであり、その中には「スクールソーシャルワーカーの配置人数及びスクールカウンセラーの配置率」や「就学援助制度に関する周知状況」のように単に施策や制度の実施状況を表すものさえ含まれていた。他方、相対的貧困の状況に関する指標は、「子供の貧困率」と「子供がいる現役世帯のうち大人が一人の貧困率」の2つだけだった。また、政府が第一次大綱で打ち出した「教育の支援」は、①小中学校における学力保障、②福祉機関との連携強化、③高校進学と就学継続、④大学等進学のための経済的支援を柱とし、⑤地域における学習支援や子ども食堂など民間の活動を支援しようというものだった。また、第二次大綱も「電気、ガス、水道料金の未払い経験」や「子供がある世帯の世帯員で頼れる人がいないと答えた人の割合」といった物質的剥奪や社会的排除に関する指標が加えられたほかは、指標も重点施策も本質的には第一次大綱と大きく変わるものではなかった。

このように、日本の子どもの貧困対策は、イギリスの子どもの貧困法やニュージーランドの子どもの貧困削減法とは対照的に、指標も施策も「教育」を柱に設定されているところに際立った特質がある。教育政策学の課題として子どもの貧困に注目せざるをえない、一つの客観的根拠はここにある。その場合、近年の幼児教育や高等教育のいわゆる「無償化」政策などに注目して、個々の教育施策が子どもの貧困対策にいかに貢献しうるのかを内在的に分析することも重要である。しかし、ここでは、日本の子どもの貧困対策が「教育の支援」

中心に設計され展開していることに注目したい。

２．扶養の私事性

子どもの属する世帯が、経済的困窮に起因して子どもの生活と成長に必要な物質的条件を調達できず、また社会的諸活動や経験に参加できない状態にあり(物質的剥奪)、さらに生活と成長を支える社会諸関係から疎外されていること（社会的排除）により、親が子どもを生み育てる諸過程及び子どもが育つ諸過程に重大なダメージが生じている状態を、子どもの貧困と言うとすれば、子どもの生活と成長に必要な物質的条件と社会諸関係を回復することが子どもの貧困対策の課題となるだろう。

ここで子どもを生み育てる諸過程を養育と呼ぶとすれば、子どもの貧困は子どもの養育過程に生ずる社会病理と捉えられるから、子どもの貧困が生み出される社会的メカニズムを解明しようとするときは、現代における養育の歴史的・社会的存在形態にも注目する必要がある。その際、この子どもを生み育てる諸過程（養育）は、子どもが健全に成長していかれるよう日々の生活を支え、その年齢などに見合った衣食住などの世話をする過程（扶養）と、生活や生産に関する知識や技能を伝達したり社会の価値観や規範に順応させたりする過程（教育）とから成り立っている。扶養と教育は単純には峻別できないし、区別したとしても密接に関連しあっていることは言うまでもないが、これらを一旦概念的に区別して考察することは有益であろう。

まず確認しなければならないのは、子どもの貧困は親または世帯の経済的困窮や社会的排除に起因する社会現象であるにもかかわらず、相対的貧困及び子どもの貧困はその状態にある親自身またはその世帯自体に内在する要因によってもたらされると考えられていることだ。つまり、現代の先進資本主義国における相対的貧困及び子どもの貧困は、資本主義が内包する本質的矛盾によってもたらされる社会現象であるとの認識がある一方で、貧困対策はその矛盾そのものに切り込むことなく、貧困状態にある個人または世帯を対象とする「支援」として展開されているのである。

たとえば、相対的貧困率や子どもの貧困率は世帯所得を元に算出される。後者について言えば、ある子どもの属する世帯の等価可処分所得が、全世帯の等価可処分所得の中央値の50％（貧困線）未満であるとき、その子どもは貧困の状態にあると見なされ、それに該当する子どもの割合を子どもの貧困率という。

また、上記の貧困線を超える所得があっても物質的剥奪が生じている場合があることから、世帯の低所得と子どもが被る物質的剥奪指標を組み合わせて、子どもが貧困状態にあると見なす場合もある。いずれの場合も、子どもの貧困はその属する世帯の低所得等に関連づけて把握されている。子どもの日常生活や人生の選択肢がその属する世帯の所得や資産によって物質的に支えられている現実を踏まえれば、子どもの貧困をこのように捉え対策を講ずることには一定の限度内では合理性が認められるとしても、子どもの貧困を生み出す社会的メカニズムを解明しようとするときには視野が不当に限定されかねない。

筆者は、子どもの生活と成長をその属する世帯の所得や保有する金銭的・社会関係的富に依存させる社会制度にこそ注目する必要があると考える。

近代以前の社会においては、子どもの養育（扶養と教育）を血縁家族単位でなしうるのは支配身分に属する人々に限られ、民衆は子どもの養育を、生活と生産の全過程を包摂する原始的共同体の共同業務として、共同体に依存して行うほかなかった。しかし、近代社会は、共同体を解体し私有財産制を基礎としつつ、親子関係を基本とする血縁家族を基礎的単位として組織された。これにより、子どもの扶養は、親の親権と扶養義務（子どもに対する義務ではなく、国家に対する義務として）を法的土台として血縁家族が担うこととなった。こうして、近代以降、子どもの扶養は、親である世帯主が自らの責任で遂行すべき私事として位置づけられてきた。

今日では、法的には、親権は親の子に対する支配権を意味するものではなく、養育（扶養と教育）は親の子に対する義務であると理解されている。しかし、この背後には、親以外の者（国家を含む）は原則として子どもの養育に責任を負わないという黙示的前提があり、事実として（de facto）だけでなく、しばしば法的にも（de jure）世帯主は自らの責任で、したがって自らが保有する富で、子どもを扶養する責任を国家に対して負っている。しかも、こうした制度の下では、各世帯またはその構成員の私的利益を確保・増進することには他の個人や世帯への排他性を伴い、養育を社会の共同業務として組織し直そうとすることに否定的な意識が醸成されている。

近代家族は構成員各自に押し付けられる自己責任を共同で担う基礎単位である世帯（自己責任共同体）として国家制度の末端に編成され、国民は世帯単位で把握される一方、子どもの養育はもはや依存すべき原始的共同体を喪失した世帯に自己責任として押し付けられたのである。したがって、物質的・社会関係的富の保有量が少ない民衆にとっては、子どもの扶養について自由度が小さいことは言うまでもなく、適切な扶養を確保すること自体がしばしば困難に瀕することとなる。

したがって、戦前の貧民救済制度であれ、今日の社会保障制度であれ、公的扶助は例外的制度としてしか存在できない。1874年の恤救規則（明治７年太政官達第162号）は、血縁・地縁関係者など「人民相互ノ情誼」による相互扶助を基本とし、救済対象を「無告ノ窮民」に限定しており、1929年の救護法（昭和４年法律第39号）も救護を扶養義務者による扶養が得られないときに限定していた。現行の生活保護法（昭和25年法律第144号）においても、「扶養義務者の扶養及び他の法律に定める扶助は、すべてこの法律による保護に優先して行われるものとする。」と定め、「直系血族及び兄弟姉妹」（民法（明治29年法律第89号）第877条）による扶養を生活保護の前提とし、保護の要否及び程度は「世帯を単位として」（第10条）判断される。公的扶助は個人ではなく自己責任共同体としての世帯に着目して行われるだけでなく、世帯外に及ぶ親族による相互扶助、したがって解体したはずの原始的共同体が公的扶助の前提条件にされている点に注目すべきであろう。

要するに、子どもの扶養は親＝世帯主の私事とされ、親は子どもの扶養に責任を負わなければならない。このような社会制度の下にあっては、世帯の経済的困窮は直ちに子どもの生活と成長に否定的影響をもたらす。しかも、公的扶助が貧困状態にある子どもに対して直接なされることはなく、国家は自力では扶養をなしえない親に対して例外的な「支援」を行っているにすぎず、国家が子どもと直接向き合うことはない(5)。子どもの内面的価値観の形成過程への国家関与を排除する意味において、親の教育の自由と養育の私事性は認められなければならない。そのうえで、筆者がここで問題にしたいのは、子どもの扶養に親が自己責任を負う制度、したがって子どもの生活・成長条件を親の経済的・社会的力能に否応なく依存させる制度である。

３．国家装置としての学校教育

近代国家は、子どもの扶養を親の子に対する私的義務として、各世帯が自己責任で遂行すべき私事として組織する一方、子どもの教育については公教育制度を創設してすべての国民に対して就学を義務づけた。近代国家は、この場面では子どもを個として家族から抽出し、国民として国家に帰属させ、国家的利益に適合的な規範意識と思考様式を内面化させ、国家に対する義務を遂行する国民を育成しなければならなかった。また、資本主義的新興産業の労働力需要に応答するため、所属する家族的・共同体的経営の内部での活用を前提とし特定の労働内容に特化されていた労働力の再生産を、家族的・共同体的経営から抽出して学校教育に取り込むことで、多様な産業労働に活用可能な労働力を育成するとともに、この過程を通じて子どもを家族的・共同体的経営から切り離しその労働力を流動化させなければならなかった(6)。こうして、本来一体的な養育を扶養と教育に切り分け、扶養と教育費負担を親の責任領域に残す一方、子どもの教育を国家の事務として吸収したのである。

学校教育は、生活・生産基盤から切り離され、生活と生産の具体性が捨象された抽象的な知と技能を系統的に教授するとともに、資本主義的生産と近代国家に適合的な秩序と価値観を内面化させることを任務としたから、「国民皆学」は達成されなければならなかった。この意味で、近代学校における教育は、国家の事務として編成され、学校以外のボランタリーな学習・教育を排除して国民教育を独占しなければならなかった。ただし、この場合にも、教育費は私費負担が原則とされ、義務教育ですら当初は授業料を徴収したほか、日本では校舎など教育施設設備の整備も民費負担とされた(7)。そして、今日もなお、日本は教育費の私費負担、すなわち親または世帯による負担の程度が際立って高いことが指摘されている。つまり、子どもの教育を親による養育から切り離し、国家装置に吸収したにもかかわらす、学校教育に要する経費は扶養のカテゴリーに留め置かれているのである。

教育費を私費負担する制度の下にあっては、学校教育の成果はその当事者個人が領有すべきものであり、それを利己的・排他的な幸福追求に利用することは当然に許されるとの社会イデオロギーが成立する。しかも、教育費をより多く私費負担できる者にはより多くの教育機会が提供されることも是認され、経済的地位の格差が教育機会の不均等を招かざるをえないことも容認する意識が形成されてしまう(8)。個々の国民には学校教育という競争制度への参加が押し付けられているため、他者との強い連帯によって生活を維持する契機が見出されないかぎり、経済的理由による教育機会の不均等に対する否定的意識よりも、社会的競争制度に適合的に行動する方が合理的であるとの意識の方が強く醸成される。こうして、資本主義的教育制度は格差固定的に機能するだけでなく、自らをますます競争的に再組織する自己運動を展開するようになる。

言うまでもなく、近代以降の学校教育の展開は、とりわけ中等教育・高等教育の大衆化には、民衆からの教育の機会均等の要求に対する妥協または譲歩という側面があることは見落とすべきではない。しかし、一方では世帯単位での扶養義務を負い、他方では個として国家と労働市場に向き合う地位に置かれた国民にとっては、私費による調達を基本とする「教育の機会」は人権保障として機能しない。

また、法制上は、普通教育を受けさせる義務または小中学校等に就学させる義務が課せられるに留まるが、資本主義的労働市場からは学歴獲得の圧力がかかっており、それは法律上の義務以上に強い社会的強制力をもっている。しかも、それは、子どもに教育を受けさせることは親の責任であるとの社会意識を生み出しているだけでなく、各自の経済的力能を排他的に行使して子に教育の機会を与えることを肯定する意識も強化される。このため、「教育の支援」として経済的困窮者に対する教育費の軽減を制度化することに対しても否定的意識が形成されることとなり、支援対象者や進学先の大学等について厳格な要件を設けることが是認されてしまう。

当為としての教育の機会均等が人権保障を意味することは言うまでもないが、事実として存在する学校教育は国民の政治的統治と経済的支配を支える国家装置として機能し、子どもの教育を親の養育から抽出し、親を子の養育から疎外する側面があることもまた否定しがたい。子どもの貧困対策としての「教育の支援」は、経済的困窮世帯に属する子どもをこのような教育制度によって包摂し国民として育成する役割を果たすことも見落としてはならないだろう。

まとめ

①扶養は親の義務とされ、子どもの生活と成長は親の経済的・社会関係的力能に依存させられているため、親の経済的困窮や社会排除・孤立は子どもの貧困に直結する。しかも、子どもの教育が国家の事務として養育から抽出されているため、親は扶養義務を負う一方、子の養育から疎外されてしまう。

②子どもの貧困対策は、貧困の状態にある子ども自身に対する国家としての人権保障（幸福追求権、健康で文化的な最低限度の生活を営む権利、学習権・教育を受ける権利）の範疇では捉えられておらず、子どもの扶養義務を負う親に対する「支援」、すなわち養育を私事とする制度の補完と位置づけられている。

③「教育の支援」は、貧困の状態にある子どもが将来自力で貧困から離脱できるようライフ・チャンスを与えることを目的とし、それはそのまま資本主義的社会秩序及び競争制度に包摂すること、したがって貧困は当事者の自己責任であるとの観念を獲得させることを意味する。

注

（1）ユニセフは2000年以降、*Innocenti Report Card* を刊行し、先進諸国における子どもの貧困の状況や Well-being の課題について注意喚起している。

（2）拙稿「いま、イギリスから何を学ぶか：子ども貧困法の制定とその後」『生活協同組合研究』第501号（2017年10月）、29～35頁。

（3）2019年改正により、「教育の支援」「生活の安定に資するための支援」「職業生活の安定と向上に資するための就労の支援」「経済的支援」に改められ、親を含む世帯全体の日常生活と職業生活の安定を視野に入れた施策を求める定めになったが、実際に施策には大きな変化はない。

（4）2019年改正で、第１条は「子どもの現在及び将来がその生まれ育った環境によって左右されることのないよう」と改められ、「子どもの貧困の解消に向けて」と明記されたが、子どもの貧困対策に大きな変化はない。法改正の意義と問題点については、拙稿「子どもの貧困対策推進法の意義と問題点：貧困からの即時離脱か、自力での貧困連鎖の遮断か」『日本教育法学会年報』第49号（2020年）、114～123頁。

（5）自由民主党は子ども手当制度に関連して、民主党（当時）の「子どもを社会全体で育てる」を批判して、「『自ら努力する人を、国が応援する』ことが基本であり、子育ても、一義的には家庭でなされるべきもの」と主張した。自由民主党チラシ「疑問だらけの『子ども手当』」（2010年３月12日）。

（6）第一次大綱には、「子供の貧困対策に関する基本的な方針」の冒頭に、「子供の貧困対策は（中略）貧困の世代間連鎖を断ち切ることを目指すものであるが、それとともに、我が国の将来を支える積極的な人材育成策として取り組むということが重要である。」と明記し、立法者意思を無視して子どもの貧困対策に「人材育成策」という意味を付加している。

（7）三鷹市義務教育に関する費用の税外負担を禁止する条例（昭和44年５月24日条例第23号）は、義務教育の実施に必要で、ほんらい公費で負担すべき費用まで住民に負担させる実態があったことを裏付けるものである。

（8）たとえば、ベネッセ教育総合研究所・朝日新聞社「学校教育に対する保護者の意識調査2018」。

（愛知工業大学）

特集３：教育と福祉の統一的保障をめぐる教育政策の課題と展望

子どもの貧困対策と家族

――子どもへの教育支援の拡大は何を意味するのか

広井　多鶴子

はじめに

「わが国は先進国か後進国か」と題した1957年版の『厚生白書』は、次のように貧困を捉えつつ、「わが国における貧困対策の貧困さ」と「貧困についての問題意識の低さ」、そして、「貧困追放の意欲の欠乏」を主張した。

> 先進国における貧困は、未開社会におけるような資源の絶対的な不足による不可抗力的な状態ではなく、また、後進国の場合のように富の極端な集中と経済水準の低位がもたらしたものでもなく、むしろ高水準の経済力のもとにおける所得の適正な分配についての失敗として、考えなければならない性質のものである。（第１章３節２）

しかし、『厚生白書』のこうした訴えにもかかわらず、高度経済成長期を通じて貧困問題は忘れられていく。1990年代末に登場した「格差問題」が「貧困問題」へと転換し、貧困が「再発見」されたのは、高度経済成長期から30年以上過ぎた2006年のことである。その後、2008年は「子どもの貧困元年」と言われ、５年後の2013年、議員立法により「子どもの貧困対策の推進に関する法」が制定される。そして、翌2014年、「子どもの貧困対策大綱」が閣議決定され、2019年には同法と大綱が改正されて今日に至る。

そうした中、子どもの貧困率は2012年の16.3％から2018年には13.5％に減少する。このことは子どもの貧困対策の成果に見えるが、小林庸平・横山重宏（2017）は、2015年の「子どもの貧困率低下の要因は、低所得層の賃金の増加が主因であり、社会保障の充実等が理由ではない」と分析する。子どもの貧困対策は、一貫して経済的支援に消極であり、税や社会保障の再配分機能が十分働いていないからである（中嶋 2018）。

その一方で、幼児教育・保育無償化などが進められ、子どもに対する教育支援（現物給付）はかつてなく拡大した。しかしながら、子どもへの教育支援はかなり先の将来、子どもが貧困を脱する可能性を高めるとしても、現在の子どもの貧困を解決することにはならない。子どもの貧困を解決しようとするのであれば、母子家庭の母親の低賃金や非正規雇用の増加など、子どもの貧困を生み出す社会の問題を解決するとともに、貧困世帯への社会保障給付を拡充して再配分機能を高めることが最も確実な方法だろう。だが、こうした施策は子どもの貧困対策には掲げられない。いったいなぜなのか。

それは、今日の子どもの貧困問題が子どもの成長を阻害する教育問題として捉えられており、子どもの貧困対策が、「生まれ育った環境によって左右されることのないよう」（子どもの貧困対策推進法）、教育支援によって貧困の「連鎖」を断ち切る政策だからだろう（山野 2018、樫田 2019）。貧困を再配分の失敗と捉え、社会保障を拡充した高度経済成長期までの貧困対策と今日の子どもの貧困対策では、問題の捉え方も施策も大きく異なるのである。

では、なぜ今日の子どもの貧困対策は、教育支援に力を入れるのか。それは、単に社会保障費を抑制するためではないだろう。今日の子どもの貧困対策は、子どもの養育と教育に関する国家・社会と家族の関係を変え、親と子の関係をも変えようとするものに思われる。それは、以下にみるように、子どもの貧困問題が、次世代育成のコストを誰がどのように負担するかという問題を改めて提起するものだからである。

1．子どものいる世帯と母子世帯に対する社会保障給付

まず、子どもの貧困対策推進法制定以後、子どものいる世帯に対する社会保障給付がどう変化してきたのかみてみよう。子どもの貧困率の集計を行っている厚生労働省の「国民生活基礎調査」をみると、18歳未満の子どものいる世帯に対する社会保障給付は、2008年まで年間５万円程度と、非常に少なかった。

だが、民主党政権の下の2010年４月から2011年９月まで、子ども手当として一律13,000円が支給されたため、2011年には年間25.8万円と大幅に増加する。その後の自民公明連立政権下で、再び所得制限のある児童手当に戻った結果[(1)]、子どものいる世帯への社会保障給付は17～18万円に減少したが、それでも2000年代初めに比べれば多い。実際、図表１にあるように、社会保障給付の「児童・家族関係費」は近年かなり増えており、少子化対策として、とくに

児童手当と保育園などの児童福祉サービスへの給付（現物給付）が増加している。

図表１　児童・家族関係給付費（億円）

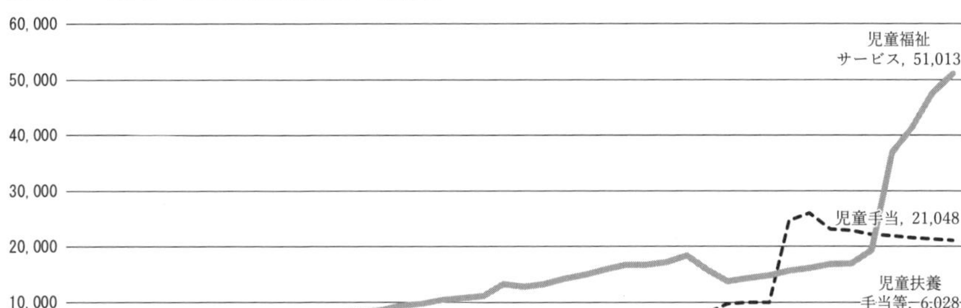

国立社会保障・人口問題研究所「社会保障費用統計」(2020) より作成

他方、母子世帯（2010年から「ひとり親世帯」）に対する児童扶養手当は、やや増加したものの、子どものいる一般世帯に比べると、かなり増加が抑制されている[(2)]。それどころか、2013年と2018年には生活保護基準が引き下げられ、2018年には母子加算と児童養育加算等も減額された[(3)]。そのためか、図表２を見ると、子どもの貧困対策にも関わらず、母子世帯の社会保障給付費は、2015年42.5万円、2018年37.3万円と、かえって減少している。子ども手当は、所得制限のないことが「ばらまき」として批判されたが、所得制限を設けて低所得者層に給付を限定することが、貧困世帯への社会保障給付の増加に直接つ

図表２　母子世帯の平均年間所得（万円）の内訳と大人一人世帯の貧困率（%）

調査対象年	総収入	稼働所得	社会保障	その他	貧困率
2003	224.6	164.8	34.7	25.1	—
2006	236.7	185.8	27.6	23.2	—
2009	262.6	197.5	40.0	25	50.8
2012	243.4	179.0	49.3	15.1	54.6
2015	270.1	213.9	42.5	13.8	50.8
2018	306	231.1	37.3	37.6	48.1

厚生労働省「国民生活基礎調査」各年より作成
「社会保障」は、年金以外の社会保障給付金。「その他」は「公的年金・恩給」「財産所得」「仕送り・企業年金・個人年金・その他の所得」の合計。

ながるものではないことがわかる。

こうした現象を「再配分のパラドクス」という。北明美は、貧困層に給付をターゲティングするほど、貧困層への給付は不十分なものとなり、貧困と不平等の削減に失敗すると指摘する。それは、給付からはずれた中位以上の所得層が「租税抵抗感」や制度に対する不信感を強め、「国の財政調達を困難化」するためであり、他方、児童給付に所得制限を設けない「普遍主義」の国ほど子どもの貧困率を低下させるという（北 2019：53-58頁）。日本は子ども手当が給付されたわずかな期間を除き、一貫して児童手当に所得制限が設けられてきたが、そのことが次世代育成のコストを社会が負担するという合意形成を困難にするとともに、子どもの貧困率削減に関する合意形成をも阻んできたと言えるだろう。

2．児童扶養手当と児童手当の導入

以上のように、2000年代以降、子どものいる一般世帯に対する社会保障給付は増加したが、貧困世帯への給付は現在も抑制されている。なぜなのか。このことを考えるために、少し歴史をふり返ってみたい。

児童扶養手当法は1961年に、生別母子の「児童の福祉の増進を図る」（第1条）ことを目的に制定された。戦後、死別母子世帯に対しては母子福祉年金などが給付されたが、生別母子世帯にはそうした制度がなかったからである。

だが、当時、目指されていたのは貧困母子世帯の生活保障に留まらない。1960年代は、浮浪児や棄児、孤児、非行少年など、親が保護できない、あるいは保護しない子どもを国家が直接保護する救済型の児童福祉から、予防型の「児童家庭福祉」への転換がめざされた時期である。児童家庭福祉は、親の養育責任を強化すると同時に、親による養育と子どもの利益を一体のものと捉え、社会が次世代養育のコストを保障することによって、子どもの福祉を実現しようとするものだった。

そのため、堺恵によれば、児童扶養手当は一般世帯に対する児童手当（家族手当）を創設するための先行制度として位置づけられていたという（堺 2020：98-99頁）。実際、1961年10月19日、衆議院社会労働委員会は、「政府は、児童手当又は家族手当につき、世界の諸情勢を研究しながら将来これが実現につき努力すること」という附帯決議を採択している。

その背景には、1952年に採択され、1955年に発効したILO国際労働機関の

「社会保障の最低基準に関する条約」（102号条約）がある。同条約には、医療、失業給付、老齢給付などの他、「子を扶養する責務」に対して支給される「家族給付」が挙げられているが、日本にはこれに該当する制度がなかった。そのため、1960年の「所得倍増計画」でも、10年後までに、全ての世帯に一律に児童手当を支給する制度を確立するという目標が掲げられていた。

こうして、1971年に日本における「最後の社会保障制度」といわれた児童手当法が制定され、1976年に日本は102号条約を批准する。1971年版『厚生白書』は、児童手当について、「児童養育に社会が積極的に参加することを示した社会的制度」であり、「心身の状態や家庭環境に問題のある児童の援助措置を中心に進んできた児童福祉行政の転機ともいえる」と書いている（総論序章５）。全ての世帯に支給するという当初の構想からするときわめて不十分なものだったが(4)、児童手当は貧困対策としてではなく、子どもを養育するコストを国家・社会が分担することで、子どもの成長を社会的に保障するという「普遍主義」の理念に基づいて発足したのである（広井 2012）。

しかし、1980年代に入ると、児童手当は対象児童の年齢の引き下げなどにより、支出総額が抑制される。母子世帯に対する児童扶養手当もまた、第二次臨時行政調査会（1981～83）による行政改革の一環として、1985年に全額支給と一部支給に区分され、全額支給の制限額が大幅に引き下げられる。所得制限の強化は、1998年、2002年にも行なわれ(5)、受給者全体の８～９割を占めていた全額支給者は、2002年以後、６割程度にまで減少する。こうして、児童扶養手当の支給総額と受給者数は、母子世帯の急増にもかかわらず抑制され続けたのである。

３．ワークフェアとしての児童扶養手当へ

だが、児童扶養手当は、受給者数や支給総額が抑えられてきただけではない。1985年の改正では、児童扶養手当法第１条に、「家庭の生活の安定と自立の促進に寄与するため」という文言が挿入された。そして、「歴史上初めての抜本的な改革」（母子寡婦福祉法令研究会 2004：30頁）と言われる2002年の法改正では、受給者は「自ら進んでその自立を図り、家庭の生活の安定と向上に努めなければならない」という条文が加えられ（第２条２項）、受給期間が５年を経過した場合、手当の最大半分まで支給が停止されることになった（第13条３項）。

この「一部停止制度」は母子世帯等からの強い反対により2007年に一旦凍結されたが、2008年４月から実施に移される。ただし、政令により、受給者が就職しているか、就職活動中、病気、けが、障害がある等の場合、受給５年以後、毎年「一部支給停止適用除外届出書」を提出することで支給が継続することになった。この届により、一部支給停止となる母子世帯の数は当初の計画よりは大幅に減ったものの、母親が何らかの理由で就労しようとしない場合、貧困母子世帯であっても児童扶養手当の一部が支給されないことになった。2019年度末の一部支給停止者は、全受給者約94万人のうちの0.3%、約3,000人である（厚生労働省 2020）。

こうして、貧困母子世帯の子どもの「福祉の増進を図る」ための児童扶養手当に「自立の促進」という目標が加わり、さらには、就労による自立が努力義務化された。このことによって、児童扶養手当は貧困母子世帯の子どもの福祉を保障するための「所得保障の機能」を縮小して、就労して自立することを強調する「ワークフェア」（work ＋ welfare）へと転換することになった（堺 2020：272頁）。ワークフェアとしての児童扶養手当は、子どもの養育とそのコストを保障する国と地方公共団体の責任を縮小し、貧困母子世帯の子どもの養育を基本的に親の自己責任と見なすものと言えるだろう。

４．子どもの貧困対策と教育支援

このように母子家庭や貧困世帯への給付が切り詰められる一方、子どもの教育のための給付は2000年ごろから拡大に向かう。就学支援制度の受給者が増加し、児童手当も大幅に増加する。民主党政権下の2014年には、公立高校授業料無償制度が導入され、自民公明連立政権下では、給付型奨学金制度の導入（2017年）、幼児教育・保育無償化（2019年10月）、私立高校の無償化と低所得者層を対象とする高等教育授業料の無償化（2020年度）などが実現する。

なぜなのか。これらの施策うち、近年導入された給付制度で特徴的なのは、いずれも使途が限定されたサービス給付（現物給付）であり、子どもの貧困対策大綱において「経済的支援」ではなくて、子どもに対する「教育支援」に位置づけられている給付制度だということである。そのため、幼児教育・保育無償化を除き、給付対象者は子どもの養育に責任を負う保護者ではなくて、学生・生徒自身である。2019年の子どもの貧困対策大綱が、「子供に支援を届ける方法としては現物給付がより直接的」だと指摘しているように、今日の子どもの貧困対策は、結果として親の経済的負担が軽減されるとしても、親による教育や養育を保障するためのものではない。子どもに対して直接現物給付を行うことで、教育の機会均等を保障し、子どもが自ら貧困の「世代間連鎖」を断ち切るようにするための政策なのである。

そのため、今日の保育や教育の無償制は、同じ「無償制」といっても、義務教育の無償制とはかなり異なる。民主党政権下で導入された公立高校無償制度（2010年度）とも、制度理念や制度設計がかなり異なる。2010年度の公立高校無償制は、「授業料を徴収しない」と法律で定め、国が授業料に相当する経費を都道府県に対して交付するものだった（ただし、私立高校は「就学支援金制度」）。それに対し、2014年度以降の現行制度は、一定所得以下の世帯の高校生に対して授業料相当分を支給する「就学支援金制度」である。そのため、生徒は受給に際し、資格の認定を受け、申請書等提出し、毎年収入状況を報告する必要がある。幼児教育・保育無償化と高等教育授業料の無償化も同様である。

つまり、近年の無償化は、義務教育の無償制のように、授業料を徴収せずに社会が子どもの教育を公的に保障する制度ではなく、あくまで親が教育に関する「第一義的な責任」（教育基本法第10条）を負い、授業料や施設利用料を払うことを前提とした制度である。しかも、申請があった場合にのみ、親ではなく子どもに直接給付する制度である。そのため、無償化によって子どもの教育に多くの公費が支出されるようになったにもかかわらず、授業料は本来親が支払うべきものとして位置づけられているのである。

だが、なぜ子どもの貧困対策は親の教育責任を強調しながら、子どもに直接現物給付を行うのか。それは、2000年代に入り、児童虐待が社会問題化する中で、子どもは親の権利に包摂されない独自の権利主体であると見なされるようになったためだろう（広井 2019）。親は必ずしも子どもの権利や利益を保障する存在ではないと考えられるようになったのである。

このことは、児童福祉の理念を変えることにもなった。前述のように、かつての「児童家庭福祉」は、親による子どもの保護・教育と子どもの利益を一体のものと捉えつつ、家庭での養育を社会が保障しようとするものだった。それに対し、近年提唱されている新たな「子ども家庭福祉」は、親と子の福祉を区分して、親に対する「子どもの権利」と親からの「子どもの自立」を基本理念として掲げる（社会保障審議会児童部会 2016）。

2016年に改正された児童福祉法は、この「子ども家庭福祉」の理念に基づいて、子どもが親に「適切に養育される」権利と、子どもを健やかに育成する親の「第一義的責任」を新たに規定する(6)。こうして、新たな児童福祉は、「子どもの権利」をもっぱら親に対する権利（親に適切に養育される権利）として位置づけることによって、親の養育責任を強化しつつ、児童の福祉に関する国と自治体の責任を後退させるのである(6)。

おわりに

2000年代に入り、「虐待の連鎖」や「貧困の連鎖」が言われ、児童虐待対策も子どもの貧困対策も、子どもが「世代間連鎖」を断ち切るためのものとなった。それは今日の新しい「子ども家庭福祉」が、従来一体のものとして捉えられていた子どもと親の福祉を分離して、親に対する「子どもの権利」と子どもの親からの「自立」を保障しようとするものだからである。湯澤直美は、「『子どもの貧困』という問題設定は“子ども”と“大人”を峻別し、自己責任領域に境界線を引く圧力にもなりうる」（湯澤 2017：12頁）と指摘しているが、児童扶養手当のワークフェア化と、貧困の連鎖を断ち切るための教育支援は、親と子を峻別し、親の貧困を「自己責任領域」に置くものと言えるだろう。

だが、「自己責任領域」に置かれるのは親だけではない。教育の現物給付は、教育を受けるチャンスを広げたとしても、貧困の連鎖を断ち切って貧困から脱出するかどうかは、子ども本人の責任と見なされるからである。樫田香緒里は、「『教育』や『学習』の支援を中心とする貧困対策」は、「『貧困の世代的再生産』の問題を個人化し得る」とし、今日の貧困対策は、子どもの「新たな自己責任」を招くと指摘する（樫田 2019：53-54頁）。

貧困がまだ再発見されたばかりの頃、岩田正美は、「貧困は人々のある生活を『あってはならない』と社会が価値判断することで『発見』されるものであり、その解決を社会に迫っていくものである」と指摘した（岩田 2007：9頁）。だが、貧困の発見にも関わらず、社会はなかなか貧困を解決しようとはしない。今日の子どもの貧困対策が、親と子を分離して、親に対しては就労による「自立」を迫り、子どもに対しては教育と学習によって自ら貧困の連鎖を断ち切って、親から「自立」することを求めるものだからである。

その結果、子どもの貧困対策によって教育支援が拡充しても、次世代育成のコストはかえって「個人化」される。子どもの貧困対策が貧困世帯に対する社会保障給付を抑制しつつ、教育の現物給付を拡充するのは、それが次世代育成のコストの「個人化」を図るものだからだろう。

注

（１）以来今日まで、児童手当の所得制限は年収960万円（扶養家族３人の場合）に設定され、それ以上の世帯には、子ども１人5,000円の「特例給付」が支給されてきた。だが、2021年２月の閣議により、2022年10月から年収1,200万円以上の世帯には特別給付を支給しないことが決定された。

（２）母子家庭への児童扶養手当は、1990年代半ば以来、第１子に月額40,000円余りが支給されてきたが、第２子は1980年以降5,000円、第３子は1994年以降3,000円に止まっていた。それが、2016年に第２子10,000円、第３子以降6,000円に引き上げられ、2018年には、全額支給の所得制限が130万円から160万円に緩和された。だが、こうした増額は、母子世帯の減少により児童扶養手当の受給者が減少したためと思われる。児童扶養手当の支給総額は2011年がピークで、以後、上記の増額にも関わらず減少し続けている。

（３）2018年には、「母子加算」が月額平均２万1000円から１万7000円に引き下げられ、３歳未満の子どもへの「児童養育加算」も、月額１万5000円が１万円となった。なお、厚生労働省（2019）によれば、母子世帯の生活保護受給率は11.2％であり、貧困母子世帯の多くは生活保護を受給していない。

（４）対象が中学校卒業するまでの第３子以降に限られ、所得制限が設けられたことから、「小さく生んで大きく育てる」といわれた。

（５）1985年に全額支給の年収の所得制限が年収361万円から171万円へと引き下げられ、1998年には、一部支給の所得制限が407.8万円から300万円へと下げられた。2002年には、一部支給の所得限度額が300万円から365万円に上げられたものの、全額支給が204.8万円から130万円にまで引き下げられた。

（６）かつて国と地方公共団体は、児童の保護者とともに、「児童を心身ともに健やかに育成する責任」を負っていたが、2016年の児童福祉法改正により、保護者への「支援」を主な任務とすることになった（広井 2020）。

参考文献

・岩田正美（2007）『現代の貧困――ワーキングプア／ホームレス／生活保護』ちくま新書

・樫田香緒里（2019）「『子どもの貧困』再考――『教育』を中心とする『子どもの貧困対策』のゆくえ」佐々木宏・鳥山まどか編著『シリーズ子どもの貧困③教える・学ぶ』明石書店、35-57頁

・北明美（2019）「子どもの貧困と『社会手当』の有効性」山野良一・湯澤直美編著『シリーズ子どもの貧困⑤支える・つながる』明石書店、30-69頁

・厚生省『厚生白書』1957（昭和32）年版、1971（昭和46）年版

・厚生労働省「国民生活基礎調査」各年

・厚生労働省（2019）「平成28年度全国ひとり親世帯等調査」
・厚生労働省（2020）「ひとり親家庭等の支援について」
・国立社会保障・人口問題研究所（2020）「社会保障費用統計」
・小林庸平・横山重宏（2017）「『子どもの貧困率の低下』の背景を探る」三菱UFJリサーチ＆コンサルティング経済レポート
・堺　恵（2020）『児童扶養手当制度の形成と展開——制度の推移と支給金額の決定過程』晃洋書房
・社会保障審議会新たな子ども家庭福祉のあり方に関する専門委員会（2016）「報告（提言）」
・中嶋哲彦（2018）「貧困問題は解決に向かっているのか——子どもの貧困率13.9％の背後にあるもの」平林知子他編著『誰も置き去りにしない社会へ——貧困・格差の現場から』新日本出版社、205-221頁
・広井多鶴子（2012）「『戦後の家族政策と子どもの養育——児童手当と子ども手当をめぐって」『実践女子大学人間社会学部紀要』第８集、49-70頁
・広井多鶴子（2019）「教育と家族論の現在——核家族・近代家族・家族の個人化をめぐって」日本教育学会『教育学研究』第86巻２号、300-309頁
・広井多鶴子（2020）「学校と家庭の教育責任の変容」大桃敏行・背戸博史編著『日本型公教育の再検討——自由、保障、責任から考える』岩波書店、153-178頁
・母子寡婦福祉法令研究会編著（2004）『総合的な展開をみせる母子家庭等施策のすべて』ぎょうせい
・山野良一（2018）「教育偏重の子どもの貧困対策でいいのか」平林知子他編著『誰も置き去りにしない社会へ——貧困・格差の現場から』新日本出版社、157-182頁
・湯澤直美（2017）「子どもの貧困対策の行方と家族主義の克服」松本伊智朗編『「子どもの貧困」を問い直す——家族・ジェンダーの視点から』法律文化社、11-34頁

（実践女子大学）

特集３：教育と福祉の統一的保障をめぐる教育政策の課題と展望

課題研究「教育と福祉の統一的保障をめぐる教育政策の課題と展望」のまとめ

勝野　正章

１．報告の概要

第９期の課題研究「教育と福祉の統一的保障をめぐる教育政策の課題と展望」の最終年度は、広井多鶴子会員（実践女子大学）から「子どもの貧困対策と家族―子育て家庭への経済的支援と教育支援―」、中嶋哲彦会員（愛知工業大学）から「子どもの貧困と現代国家」と題する報告を受けて研究協議を行った。

「子どもの貧困元年」（2008年）という言葉に示されるように子どもの貧困に漸く注目が集まるようになった。しかし、近年、子どもの貧困率低下こそ見られるものの、それは社会保障の充実による成果であるとは言い難い。また、政府の子どもの貧困政策は教育支援を重視し、機会の平等を図るものであり、子育て費用の公的（社会的）補償による貧困解消とは異なるアプローチである。実際、生活保護制度は生活扶助基準引き下げ（2013年）、母子加算、児童養育加算、学習支援費の引き下げ（2018年）という具合に保障水準の切り下げが続いている。このような「再分配の失敗」という現実を前にして、広井報告は「子どもの貧困対策が唱えられているにも関わらず、なぜ、社会保障給付は拡大しないのか」という問いめぐり、歴史的・社会的な分析と考察を加えるものであった。

児童福祉（貧困対策）の歴史的分析からは、戦後の児童家庭福祉政策に次世代育成としての普遍主義を見ることができるが、1970年代以降は日本型福祉推進のもとで家族をベースとした自助努力・自己責任が強調されるようになり、普遍主義は大きく後退した。さらに2000年以降になると、貧困の世代間連鎖を断つ手段として子どもの教育機会の保障を掲げる「教育主義」が台頭し、それと共に生活保護は縮小されてきた。広井報告は、児童扶養手当・児童手当制度の改変（所得制限＝選別主義の強化）を歴史的に検証して、問題の根底に子育てコストを社会が負担するという合意の未形成があることを指摘するとともに、近年の子どもの貧困対策における教育支援を「個人化」の進展という観点から批判的に把握するものであった。この教育支援の強調＝「教育主義」は子どもを親・家族の貧困から切り離そうとするものだが、次世代育成のコストを家庭が負担するという「家族主義」（普遍主義の否定）の否定を意味するものではなく、自己責任論の強化という意味でむしろ相即的なものであることが明らかにされた。

中嶋会員の報告は、本課題研究の出発点を改めて確認するとともに３年間の到達点の総括として位置づけられる内容であった。近年、子どもの貧困、障がいのある児童・生徒への合理的配慮と支援、児童虐待・ネグレクト、さらには新型コロナウイルス禍等の諸問題への対応として、教育と福祉の連携の必要性が強調されるなかで、本研究課題は教育政策ないし教育政策学としての課題を究明することを主題に据えた。ただし、「教育と福祉の統一的保障」が教育と福祉の機械的統合や一方による他方の単純な代替を志向するものではないことは、これまでの大会時の課題研究と公開研究会において繰り返し確認されてきたことである。

中嶋会員は、先進資本主義国において貧困が産出される原因を経済的被搾取と再分配制度の機能不全による富の偏在化に求め、更に介入主義的な福祉国家からの新自由主義的撤退が「豊かな社会」における貧困の拡大をもたらしているとの国家論的（社会経済的・政治的）見取り図を提示した。そのうえで、近年の日本における「子どもの貧困」の発見による貧困認識の深化（物質的剥奪と社会的排除）、視野の拡大を一定評価しつつ、政府による子どもの貧困対策の問題点を指摘した。なかでも「子供の貧困に関する指標」の半数が学校教育に関連するものであり、教育支援、子どもへの支援に重点を置いた政策であることの問題性の指摘は、広井会員による「教育主義」批判と重なるものであった（ただし、2019年の子どもの貧困対策推進法改正、子供の貧困対策に関する大綱改正による変化にも注意する必要がある）。すなわち、「教育の支援」は、子どもの将来における自助努力による経済的自立を促すものであり、その「教育」の内実は就労に必要な能力獲得へと一面化されている。中嶋会員は、このような貧困対策は貧困を再生産する社会経済的構造への適応を求めるものであると分析した。

２．質疑応答と論点提起

以上の２本の報告後、まず広井会員が中嶋会員に対して内容確認的な質問とともに、「子どもの貧困対策におけるNPOの活動をどう評価するのか」という問いを投げかけた。この質問の問題意識には、NPOに交付される補助金は本来子どもに配分されるべきではないかということがあった。中嶋会員は、本来、政府が財政配分責任を担うべきであると応答し、補助金を交付されるNPOは基本的に政府の政策に追随せざるを得ないことも問題点として指摘した。

続いて栗原千春会員（東京学芸大学・大学院生）から「子どもの貧困問題に対する学校教育の応答の難しさは、小中学校における学校長の裁量権の狭さにあるのではないか」との質問があった。栗原会員は校長に就学援助受給の認定権を付与している京都市を例にあげ、より積極的に経済的保護を拡充できる可能性を指摘した。これに対して中嶋会員は「2007年の学校給食費未納問題では親の無責任と考える校長が多かったが、子どもの貧困問題が認識されるとともに校長の捉え方も変化してきた。しかし、だからと言って校長に就学援助の認定権を付与すれば解決するというものではないだろう」と応答した。

横井敏郎会員（北海道大学）の「学習支援事業をどう評価するのか」という質問は、先の広井会員による「NPOの活動をどう評価するのか」という問いに一部重なるものであった。横井会員は「それ（学習支援事業）はそれとして、家庭への生活保護費を増加させればよいのか。あるいは、この事業そのものが問題と考えるべきなのか。同事業では確かに民間（NPO）に金が流れているが、それによって救われている子どもがいることも事実ではないか」と質問の趣旨を補足した。

この質問に対して、まず広井会員は「かつての生活保護が大学進学を認めないなど機会均等さえ否定することもあったのに比べれば、子どもの貧困対策法による学習支援事業が機会均等を促進するものとして位置づけられたことは評価できる」としつつ、「進学のための学習支援では問題がある」と述べた。中嶋会員は「政府が最終的な責任を負わない『国民運動』に依存する形では支援が偏在化せざるを得なくなる」と述べ、2018年大会の課題研究における澤田直人氏の報告に触れて、学習支援事業の評価指標や実施提案の採用基準が進学実績に偏らないものであることが重要であると指摘した。

荒井文昭会員（東京都立大学）は「貧困対策法における貧困指標に所得だけ

ではなく、ニュージーランドのように物質的貧困の指標を位置づけることにより、就学支援に限定されない子どもの貧困対策政策を展開していく」可能性について報告者の広井会員、中嶋会員の意見を求め、また、日本における子どもの貧困対策は貧困家庭の子どもにも「競争機会を保障する」ことにより、労働力不足問題への対応を図る性格のものではないかと問うた。

また、松下丈宏会員（東京都立大学）は「子どもの貧困対策が教育主義に陥ってしまうそもそもの理由は何か」という問いを投げかけた。これは「貧困家庭に生まれた能力のある子どもが貧困なのは問題だが、そうでない場合は実は問題ではないという認識」が、子どもの貧困対策を機会の平等という「教育主義」へと誘導する要因なのではないかと指摘し、貧困問題の議論において近代の「能力主義」批判へと射程を広げる必要性を提起するものであった。

荒井、松下両会員によって提示された重要な論点について十分に議論を深めるには時間が足りなかったが、まとめを兼ねて、広井会員は「今の生活の貧困をなくすことが一番であり、そのためには子どものケア労働、再生産労働を社会的に保障しなければならない。そうでなければ、貧困を軽視することになりかねない」と述べた。中嶋会員は「2019年の法改正でも物質的剥奪指標を加えるべきだという議論はあったが、政府は否定的で実現しなかった。能力主義の問題は、資本主義の問題として捉えるべきである。問題は、子どもが子ども（人間）として大切にされる機会が不平等であることだ」と締め括った。

3．まとめに代えて

広井会員は日本の児童福祉政策・制度における家族主義・選別主義の歴史的分析から、中嶋会員は貧困の国家論的（社会経済的、政治的基底）分析から、教育の支援（教育主義）に傾いた子どもの貧困対策の本質的問題を適示してみせた。異なるアプローチをとりながらも、両報告の分析は結論として重なる部分が少なくなかったように思われる。質疑応答では教育の支援に偏らない子どもの貧困対策はどのように可能かという論点が、近代能力主義の問題まで射程に含めた貧困（対策）論構築の必要性とともに提起された。時間的制約のために十分深められなかったのは残念だが、３年間の課題研究を通して、「教育と福祉の統一的保障」という教育政策ないし教育政策研究の課題に対する歴史的・原理的な理解を深め、政策的・実践的に重要な論点も浮き彫りにすることがある程度達成できたのではないだろうか。本研究課題が本学会として何らかの形で今後も継続して取り組むべきものであることは間違いない。

（東京大学）

Ⅳ

投稿論文

[投稿論文]

小規模特認校をめぐる地域住民と校区外保護者の関係構築過程
――A県B市X地区を事例に

長尾　悠里

1．はじめに

従来から、学校の存否や規模、住民との関係は地域社会に大きな影響を与えてきた。現在でも学校は、地域、とりわけ人口過少地にとって重要な文化的中核とみなされ（例として、玉井 2010）、地域社会存続・地域づくりからも、その存否は注目されている。こうした観点から、人口過少な都心部や農山村部を中心に、小規模特認校制度を導入する政策傾向が見受けられる。

特認校制は、従来の通学区域は残しつつも、特認校に限り通学区域外に居住する者の通学を認める制度の総称であり、中でも小規模校を対象にしたものを小規模特認校制度（以下、同制度）と呼ぶ。同制度は、少子化に伴う学校統廃合を避けたい地域の側から見れば、通学区域内に居住する児童生徒を通学させたうえで、通学区域外に住む児童生徒も確保することで学校存続、ひいては地域社会の再興を図るものである。久保富三夫（2015b）によれば、2014年度の全国の小規模特認校数は、小・中学校合わせて444校であり、門脇正俊（2005a）が把握した2003年度の校数（241校）と比べて、1.8倍以上になっている(1)。少子化傾向を踏まえると、今後も同制度を導入する学校は増加していくと予想される。同制度に関して、門脇（例えば、門脇 2005a; 2005b）や久保（久保 2015a; 2015b）が継続的に研究しており、同制度の導入過程・実施状況の整理や、教育的意義に関する分析、児童生徒や保護者の観点からの研究が蓄積されている。

同制度の下で住民らは、当該地域に居住しない児童生徒や保護者とも関係を構築し得るとされている。これは、金子郁容ら（2000）を参照すれば、当該校を中心として、居住地を同じくする「ローカル・コミュニティ」と、関心などを共有する「テーマ・コミュニティ」とが重なり合う、新たなコミュニティが形成され得る状態である。金子の構想では、独自の教育活動を求める当該地域内外の有志が、自発性に基づき、「学校づくり」というテーマやプロセスを地域住民と共有したテーマ・コミュニティを形成し、それがローカル・コミュニティ＝地域社会の再興にもつながるという見通しを示している。その見通しを具体化したのが、金子が提示する独自のコミュニティ・スクール制度案であったが、小規模特認校という制度においてもまた、通学区域内外から独自の教育活動を求める児童生徒・保護者を招き入れて学校づくりを志向する点で、上記の見通しが実現される可能性があると考えられる。

しかし、地域社会は構成員が同じ地域に居住しつつも、関心を異にする可能性のある集団である。さらに、出入り自由なテーマ・コミュニティと異なり、住民は地域から安易に「のがれられない」。そのため、関心を共有できず、疎外感を抱えたまま地域で暮らし続ける可能性もある。この点、浜田博文（2001）は金子の構想に対し、地域社会とテーマ・コミュニティの不調和の可能性を取り上げるとともに、地域社会再興に関する現実的な構想への言及に乏しいと指摘している。このことは当然、通学区域に依拠しない児童生徒や保護者が関わる小規模特認校においても、同様のことが言える。

その一方、通学区域外に居住する保護者との不調和の恐れがあるとしても、人口過少な地域では学校存続、そして地域社会存続のために同制度を導入せざるを得ない場合もある。すなわち、地域社会のために導入した教育政策によって、住民が学校に疎外感を覚えるというジレンマに陥る可能性がある。しかし、同制度に関する先行研究は、学校と（通学区域内外の）保護者と住民の協力関係が構築されている状態を前提としており、浜田が示す不調和の可能性に十分に応答していない。他方で、浜田の指摘通り不調和が存在していたとしても、学校存続や地域社会存続のために同制度を導入せざるを得ない地域がある以上、不調和やジレンマを乗り越えるための条件を検討する必要がある。

以上の問題意識から、本研究では、通学区域を根拠とすることなく、ある関心をもって学校に関わる集団（とりわけ保護者）と、必ずしも同じ関心を共有しない住民は、関係を構築する可能性はあるのか、あるとすれば、どのような条件の下であり、どのような形になり得るのかを解明することを目指す。

本研究では、A県B市X地区（以下、X地区）を事例地域とする。選定理由として、①X地区が年少人口過少な地域であること、②それにもかかわらず、X地区に立地するB市立X小学校（以下、X小）と同市立X中学校（以下、X中）は、同制度を導入したことで一定数の児童・生徒数を確保しており、学校存続が可能となっているからである。

2．調査方法・対象地域・対象校の概要

本研究の調査は2017年11月、2018年５～11月、2019年５月に実施した。その際、インタビュー調査と、地区内で行われた学校行事やイベント、ミーティングの参与観察を行った。加えて、行政文書や新聞記事などを対象とした文献調査も適宜行っている。インタビュー対象者は表１の通りである。なお、調査は筆者所属機関（当時）の研究倫理審査委員会の承認を得て実施した。本研究において「保護者」は、調査時点にＸ小またはＸ中（あるいはその両方）に子どもを通学させている者を指し、そのうち、地区内に居住している者を「地区内保護者」、地区外に居住し、同制度を利用して子どもを通わせている者を

表１　インタビュー調査協力者

＜住民7名（敬称略）＞	属性	方法※	備考
A（男性）	保護者	○	地域活性化に取組む団体の主要メンバー
B（男性）		○	
C（女性）		○	X 地区への移住者
D（男性）	保護者以外住民	○	自然学習講師・NPO 法人代表
E（男性）		○	学校評議員
F（女性）		○	E の家族。E 同席
G（女性）		○	集落支援員
＜地区外保護者・生徒6名＞			
X 小保護者	保護者	□	
X 中保護者（2名）		□	
X 中生徒（3名）	生徒	□	保護者同席
＜施設・機関＞			
X 小教員	教職員	△	
X 中教員（2名）		△	両名同席
市教委（元）職員（3名）		△	現職員1名、元職員2名
市長		□	
市役所政策推進課職員		△	
X 窓口サービスセンター職員		△	

出典：筆者作成
※ ○…30分以上インタビュー・録音　△…30分以上インタビュー　□…短時間のインタビュー
属性・肩書はインタビュー調査時のもの

「地区外保護者」とする。また、「児童生徒」も保護者に準じて、「地区内児童生徒」「地区外児童生徒」とする。

まず、本研究に必要な範囲で、X地区やX小・X中の概要について触れておく（以下、両校をまとめて指すときはX小・中と略記）。X地区はA県の山間部に位置しており、2003年4月1日に周辺5町村と合併して以来、B市の一角を占めている。域内の多くは山林であり、集落や住民向けの施設は川沿いにわずかに存在する平地、あるいはその周辺の斜面地に位置している。一方、地区の中に著名な山岳が含まれていることから、民宿等の山岳観光関連施設も立地している。国勢調査によれば、2015年時点の人口は328人と、市の総人口の約0.5%にとどまる。X地区内には病院や生鮮食品を扱う商店がなく、通院や買い物のためには地区外へ出る必要があるものの、商店が数多く立地する市街への／からの行き来は比較的容易である。すなわち、人口過少な農村部でありながら、都市部からはそれほど隔絶されていない地域であるといえる。以前は教員宿舎も設置されていたものの、2008年に閉鎖されている。

X地区に立地しているX小・中は、地区内に豊富な自然を有することから、両校ともに地区内のNPO法人の協力の下で自然学習・登山学習に積極的に取り組んでいる。また、2019年度からは小中一貫教育も実施されている。

次に、本研究の中心対象となるX小・中の小規模特認校制度について述べる。市では、教育委員会規則によって市立小・中学校の通学区域が定められているものの、X小・中に関しては同規則によって、特例として市内全域からの通学が認められている(2)。そして、後述するように、現在では地区外からの通学者によって児童・生徒数が保たれている状況にある。地区外生徒やその保護者、教職員へのインタビュー調査によれば、X小・中の選択理由として、先述の自然学習や小規模校であることなどが挙げられている。また、地区内児童生徒は徒歩通学をしている一方、地区外児童生徒は路線バスまたは保護者の送迎で登下校している(3)。2020年度の児童・生徒数、教職員数、学級数は、X小児童数22名（地区内児童4名、地区外児童18名）、教職員数13名、学級数6、X中生徒数17名（地区内生徒5名、地区外生徒12名）、教職員数17名、学級数3である(4)。

X小・中では、先述した教育委員会規則によって、2004年度から小規模特認校制度を導入している。しかし、当初は制度導入が周知されておらず、地区外児童生徒はほとんどいなかったという(5)。そのため、次章3．で詳述するように、2012年度の秋からＢ市教育委員会（以下、市教委）主導の下、市内学校・公共施設でのチラシ配布や、市発行の広報誌への記載など、同制度の宣伝が強化される。その直後である2013年度のＸ小児童数は20名（地区内児童15名、地区外児童５名)、Ｘ中生徒数は19名（地区内生徒15名、地区外生徒４名）となった。先に示した2020年度の児童生徒数と大きく変わらないものの、居住地別に見た内訳は逆転している。すなわち、宣伝強化以降、地区外児童生徒が地区内児童生徒数の減少を補う形で、学校規模が維持されていることがわかる。

３．住民と地区外保護者間の齟齬の発生

本章では、次章の分析の手掛かりとして、住民へのインタビュー調査・参与観察を基に、住民がＸ小・中や地区外児童生徒・保護者を、地区外保護者が地域社会を、それぞれどのような存在としてとらえ、いかなる態度を取っていたのかという観点から、住民と地区外保護者間の関係を明らかにする。

（１）同制度宣伝強化前のＸ小・中と住民

はじめに、Ｘ小・中に対する住民の関心の程度が、同制度の宣伝強化の前後でどのように移り変わっていったのかを検討する。

住民によれば、宣伝強化前は現在に比べてより多くの住民が学校行事に参加したり、学校の情報を容易に取得・共有したりすることができたという。その理由として、①地区内児童生徒の数に由来するものと、②教員宿舎の存在によるものが挙げられる。①に関しては、地区内児童生徒の数が多ければ学校行事に参加する親戚等の関係者の数も増加するほか、親戚に児童生徒のいない住民も、近所に居住している、あるいは近所の家まで遊びに来た児童生徒と会話を交わすことで、情報を得ることができたという。②に関しては、教員がＸ地区内に居住することによって住民の一員となるため、教員の地域行事への参加・地域団体への加入や、保育所等における教員自身の子どもを通じた交流によって、Ｘ小・中に関する情報に容易に接することが可能であったという。

以上のような状況が、時間の経過につれて変化しはじめる。他地区の状況と比較した評価が可能な立場にある市教委職員は、Ｘ小・中は地域社会との関係が密接であると評価する。しかし、自身もＸ地区出身であり、地区の状況を経年比較できるＢ氏は、地区内児童生徒の減少や教員宿舎の閉鎖に伴い、Ｘ小・中に関係する情報を得る機会が少なくなり、Ｘ小・中に対する住民の関

心も低下していったと述べている。とりわけ、教員宿舎の影響の大きさについては、B氏以外にも、X地区に長期にわたって居住する複数の住民が同様の指摘をしている。ここから、市教委は、遅くとも2008年の教員宿舎の閉鎖以降、X小・中と地域社会の関係や、住民がX小・中に向ける関心の低下を把握できていなかったと考えられる。とはいえ、同制度が周知されていなかったことから、児童生徒はX地区内に居住する者で占められていた。多くの児童生徒は住民にとって、見たことのある子どもであったと考えられる。

（2）宣伝強化後のX小・中と住民

そのような状況の中、前述のように2012年度に市教委主導の下、同制度の宣伝が強化される。その結果X地区では、住民が、X小・中に見慣れぬ子どもが増えたことに対する困惑や、顔をよく知らない子どもが増えたX小・中への疎外感を抱えるようになった。例えば、X中の学園祭の見学に来た住民は発表の感想として、「X地区に住んでいる子でさえ顔を覚えきれていないのに、さらに知らない顔の生徒が出ていた。どうせ地区の外から来ている子だろう」という趣旨の発言をしていた。運動会においても、競技に参加している児童を見た住民が、「顔を知らない子だが、X地区の外から来ている子だろうか…」と戸惑いを見せる場面があった。さらに、筆者が参与観察を行った、地区内保護者や住民、教員が参加するミーティングの場でも、地区外児童生徒の増加によって保護者以外の住民がX小・中に行きづらくなっているのではないかという懸念が取り上げられていた。

学校に対して好意的な住民も例外ではない。自然学習の講師として学校教育にも携わるD氏は導入当時を振り返り、「最初は…その（地区外の）子どもたちがバスで来てね、学校の前の橋のとこで大勢下りる光景が、こうなんだ（見慣れない児童生徒が来るようになり、学校の雰囲気が変わった）っていう感じを受けたんですよね［カッコ内は筆者補足］」と発言している。地区内保護者のB氏も、自身が祝辞を述べた入学式を回想し、「入学式あります。地域（地区内）の子どもいません。で、地区外の子どもが入学してきました。で、来賓は地域の人がいっぱいいます。（互いに顔を見て）誰だ？みたいな話」と困惑を表現している。

この困惑の原因として、X小・中における同制度の宣伝強化は、あくまでも市教委が発案・主導して進めたものであることが挙げられる(6)。すなわち、住民が、生じ得る課題や解決方法を十分に議論した上で発案・主導したものとはいえない。もっとも、住民以外が発案・主導する政策であったとしても、政策を主導する側が生じ得る課題を把握し、住民が議論する機会を十分に保障していれば、住民の側も見慣れぬ児童生徒の増加に困惑することなく対処し得る。しかし、市教委がX小・中とX地区の住民の関係を十分に把握できていなかった可能性を踏まえると、「X地区の住民はX小・中への関心が高いため、同制度の導入に伴う課題も理解し、地区外児童生徒を問題なく受け入れてくれるだろう」という希望的観測の下、市教委は宣伝強化に踏み切ったと推測される。

（3）X地区の地域社会と地区外保護者

一方、宣伝強化以降、独自の教育活動に関心を寄せて地区外からX小・中に子どもを通学させる保護者は、X地区や地域社会に対して、どのような態度を取っているのか。

まず、同制度の宣伝強化に伴う地区外保護者の増加は、PTA活動に大きな影響をもたらしていると地区内保護者は指摘している。例えば、先述したミーティングの場では、地区内保護者から以下二点の課題が示されていた。一点目は、X小・中で行われる独自の教育活動のみを評価して子どもを通学させている地区外保護者がいることである。そのため、地域活性化を目的とするイベントの出し物の運営など、いわば学校教育を目的としない活動に自発的に取り組むことは少ないという。二点目は、X地区に関心を寄せる地区外保護者であっても、保護者同士の居住地が地理的に離れているため、円滑な活動が困難であることである。地区外保護者は地区内保護者同士と比べて、休日にたまたま会った際に活動の打ち合わせを行うことが難しく、活動の停滞につながってしまうという。

加えて、地区内保護者はインタビュー調査の中で、「(PTA役員選出の際に)うちら気ぃ遣われてみんないる（地区外保護者が選出の場にいる）ような雰囲気もあったりとか…（A氏)」「でもどうしてもやっぱ地区に住んでる人たちを、ヨイショする傾向にあるからうちらがそういう風にいる（PTA役員を務めている）(B氏)」と、地区外保護者が地区内保護者に対して「気を遣う」傾向にあることを指摘していた。つまり、金子の構想では、独自の教育活動を求める有志（ここでは保護者）が、住民と関心を共有しながら、自発性に基づいて行動することによって学校（づくり）が成立するとされるが、少なくともX地区では、この構想が当てはまるとはいえない。これに関して、地区外保護者がどのような理由でX小・中を通学させているのか、十分に話を聞いたことがないというＢ氏の指摘からも、地区内外保護者間で関心を共有していない状況がうかがえる。

以上をまとめると、地域社会とテーマ・コミュニティが協力した学校づくりや、それを通じた地域社会の再興といった金子の構想は、本事例では必ずしも実現されてはいない。まず、同制度の宣伝強化に関して、住民が主導していたわけではなく、また、生じる課題やその解決方法も、住民の間で十分に共有されていなかった。そのため、住民はＸ小・中に向けていた関心を今まで以上に低下させることになり、「教育についての考え方やビジョンを共有」するどころか、学校に対して疎外感を抱く者も出始めた。また、地区外保護者を見ても、独自の教育活動を求めつつも、地域社会や地域づくりに対しては無関心、あるいは関心を持っていても「気を遣い」、自発的な行動を起こさない傾向にある。テーマやプロセスの共有を通じて地域社会を再興するという金子の構想は、浜田（2001）が示唆するように、現実性を欠くおそれがある。

もっとも、金子の構想はあくまでも、独自の教育活動を求める有志が、自発的に構想する学校が前提となっている。そのため、金子の構想に従えば、テーマを共有する保護者でもなく、地域に居住する住民でもなく、市教委主導の下で同制度の宣伝強化が行われたＸ小・中では、地区外保護者と住民の関係構築などそもそも不可能という見方もあり得るだろう。しかし、Ｘ地区の住民の取組みを見ると、金子の構想の前提にある、独自の教育活動を求める有志や自発性、学校への高い関心を欠いていても、地区内保護者と住民の間に関係構築の可能性が生じていることがわかる。次章では、住民の動向に焦点を当てて分析を行う。

４．住民による困惑の克服とその要因

前章では、住民と地区外保護者の間にある齟齬を明らかにし、金子の構想に対する疑問を示した。しかし、１．で述べたように、地域社会存続のために同制度を導入せざるを得ない地域では、住民はジレンマに陥るほかないのか。本章では、Ｘ地区の住民が行っている取組みに着目することで、どのような住民が地区外保護者との良好な関係を構築し得るのか、いかなる動機によって関係構築が試みられているのか、学校はどのような形で寄与しているのかを明らかにし、ジレンマを乗り越えるための条件の手掛かりを探る。

先に指摘したとおり、Ｘ地区の住民はＸ小・中や地区外児童生徒・保護者

への困惑を抱いている。しかし、住民のすべてが困惑の状態に留まっているわけではない。筆者のインタビュー調査や参与観察では、住民による以下のような発言や取組みがみられた。例えば、講師として自然学習に関わるＤ氏は、「Ｘの小学校に来てくれる中学校に来てくれる、子どもたちにはみんなそのＸの歴史を知ってほしい（後の発言では、併せて自然も）」「（居住地が地区内外どちらなのかによる）差別的な意識はなんにもない」として、地区外児童生徒にもＸ地区の自然や歴史を学んでもらいたいという姿勢を示している。また、地区内保護者のＡ氏・Ｂ氏は、住民と地区外保護者、あるいはＸ小・中の交流を引き出すため、Ｘ小・中関係者が学校内外を問わず関わるイベントや、各個人の特技に応じて学校教育に住民を登用する人材バンクなど、住民が学校に足を運ぶための構想について提案・言及していた。

さらに、地区住民が運営するイベントにおいても、通学を機にＸ小・中に関わるようになった地区外児童生徒・保護者に向けた、住民の側からの訴えが確認できる。このイベントは、例年10月末頃に地区内の集会施設を会場にして行われており、Ｘ小・中は運営に関与せず、住民が主催している。毎年、地区内外問わず児童や保護者が参加しており、筆者が参加した回には、地区外児童・保護者も含めて60名ほどが参加していた。ここで注目したいのは、イベントの一環として行われた「地域あるき」である。これは、住民による歴史や文化の解説を聞きながら、参加者全員が連れ立って会場周辺の集落を歩くというものである。この解説を聞くと、地区外児童・保護者にも向けた訴えが確認できる。例えば、住民がＸ地区で行われるどんど焼きの解説を行った際、開催日にはＸ地区に来て参加してほしいという趣旨の発言が聞かれた。また、現在閉鎖中の市営の温泉施設の横を通過するときに、別の住民が、Ｘ地区では温泉施設を含めて住民が集まれる場が次々と閉鎖されていると訴え、集会場となる施設の確保への協力依頼を行っている。この例からは、地区外児童・保護者を地区の行事や課題解決に巻き込む姿勢がうかがえる。

では、何故このような取組みが計画・実行されるに至ったのか。ここで、以上の取組みを計画・実行する住民に注目すると、彼らは「Ｘ地区の地域社会の維持・課題解決」に強い関心を示していることがわかる。例えば、表１で示したように、PTA役員であるＡ氏とＢ氏は地域社会の課題解決に取り組む団体の主要メンバーでもあり、また、上記で示したイベントや人材バンクも、地域社会の活性化や、学校・児童生徒と住民・地域社会の関係確保のために提案されている。自然学習の講師であるD氏は、NPO法人の代表として、X地区の自然や歴史の継承に携わっている。上記イベントを運営する一人であるG氏は、X地区の集落支援員でもある。すなわち、住民の中でも、特に地域社会の維持・課題解決に強い関心を持つ住民が、X小・中への関心が低い住民や、独自の教育活動を求める地区外保護者に働きかけているといえる。いわば、彼らの関心は学校づくり自体にあるのではなく、あくまでも地域社会の維持や課題解決が中心にあり、その手段としてX小・中や地区外保護者に働きかけている。このことは、「(地区外から) 通ってくる家族の人たちってさあ…、学校のみじゃん」として、同制度そのものよりも、それをきっかけにX地区に興味を持った人々を定住させる政策に力を入れるべきだとするG氏の発言からもうかがえる。

さらにここで、彼らの関心を深く分析するためには、B氏の以下の発言に着目することが重要である。

B：*Xが大好きだからXに住んでるかっつってもまたちょっと違うような気がするんだよねえ。*【中略】*ここ（X地区）やだとは思わないから、ここに住んでて、でも住むからにはやっぱり良くしたい部分はあるから、じゃあ（地域の課題に関して）協力できることはしますよとか自分のしたいことは参加したいことはしますよっていうのを…やってきてるから…。*［カッコ内は筆者補足］〈聴取日：2018年８月７日〉

この発言からは、良い地域・学校を「選択する」／「自発的に」生み出すというよりも、その地域には「たまたま」住んでいるだけであるものの、そこで生活し続ける住民である以上、その地域やそこで生じる課題から安易に「のがれられない」。ならば、せめて少しでも課題を解決していきたいという発想がうかがえる。ここからも、住民の関心は、金子がコミュニティ形成において重視する「(自発性を前提とした) テーマ」ではなく、あくまでも「自発的に居住を選択したわけではない」あるいは「のがれられない」地域社会の課題解決にあるといえる。

しかし、彼らは決してX小・中やそこに通学する児童生徒を軽視しているわけではない。むしろ、地区外児童生徒の増加によって生じた困惑を、児童生徒自身との交流によって克服したり、他の住民にも児童生徒との交流を求めていたりすることが、「(地区外から通学する) 子どもたちも、学校の中に入っても外にいても挨拶よくしてくれるし、違和感はなんにもなかったね (D氏)」

「他地区からの子が多くて見に行っても誰が誰だかわからないっていうのだって」「それがもう現状だから、そんなこと言ってないでもう学校のことに関して顔出して」「俺だって、知らない子どももたくさんいるけど…やっぱ顔覚えようって思うし…（以上Ａ氏）」という発言からうかがえる。

そして、これらの住民による、児童生徒との関わりの根底には、他人の子ども／見慣れぬ子どもが多いからといって、地域にある学校や通学する子どもをないがしろにはできない、あるいは、我が子が通う学校の課題解決や魅力発信であれば地区外保護者と住民は協力できるのではないか、という意識が働いていると考えられる。

Ｂ：*自分の子どもだけがいいかっつったらやっぱり、やっぱそうじゃないと思う。やっぱり、学校って…、友達がいて同級生がいて、で先輩がいて後輩がいてっていう社会、*【中略】*として出来上がってるもんだと思うから、まあ、自分ちの子どもだけがっていうのは通らないと思うし、だからこそ、じゃあみんな仲良く楽しくできるにはどうしたらいいかっていうの？そこはやっぱり、俺が求める、部分は。*〈聴取日：2018年８月７日〉

Ａ：*（地区外保護者も）自分の子どもを通わしてる学校だから、そんなにさあボロクソばっかに思わないって…いいところを伸ばして…悪いとこはみんなで改善するような取組みを…できればっていう前提ってしといて…。*［カッコ内は筆者補足］〈聴取日：2018年８月７日（筆者・Ｂ氏を交えた会話の中で）〉

このような「関係者全員が学校に関わるべき」という考えが、先述したような地区外児童生徒やその保護者との交流につながり、地域社会の課題解決にも地区外児童生徒・保護者を巻き込むようになったといえる。裏を返せば、学校があるからこそ、そして同制度が導入されたからこそ、同制度を通じてＸ小・中に関わるようになった地区外居住者を巻き込むという新たな取組みが可能になったといえる。

その結果、地区外保護者の側にも変化が生じている。例えば、Ｇ氏によれば、長期間子どもをＸ小・中に通学させている地区外保護者の中には、居住地の地理的な隔絶により地域社会のすべてに関与できないことに対して「自分たちが通いで申し訳ない」といった発言をする者もみられるという。また、ある地区外保護者はインタビューの中で、学校主催か否かを問わず、Ｘ地区で行われるイベントには都合がつく限り参加するようになったという。加えて、表１に挙げたＣ氏のように、地区外からの通学を経て、地区内に移住したという保護者も存在する。これらの保護者の存在に着目すると、それまでX小・中だけに留まっていた関心が、X地区全体に広まりつつあるといえる。以上から、地区外保護者の中に、自分もX地区の地域社会と関わりをもちたいという意識を持つ者が現れはじめている、すなわち、地区外保護者と住民の関係構築の可能性が見えはじめていると指摘できる。

5．おわりに

最後に、前章までの分析結果を総括した上で、冒頭に述べたジレンマを乗り越え、住民と通学区域外の保護者との関係を構築し得る道筋について考察する。

３．４．の分析結果として、以下の三点が挙げられる。一点目は、金子郁容が提示する「独自の教育活動・特色ある学校づくりというテーマを有する有志が主導する形で住民と関心・プロセスを共有し、それを通じて地域社会を再興していく」という構想は現実性を欠いていることである。まず、住民が生じ得る課題や解決方法を十分に共有できないまま同制度を導入・宣伝した場合、住民にとって学校は十分な議論や理解もないまま「見慣れぬ子どもたちのための場所」となり、学校づくりどころか、学校に対して困惑や疎外感を抱える可能性がある。次に、学校というテーマに関心がある集団（保護者）も、それを有する地域社会には必ずしも関心がない場合がある。また、関心があっても、住民への「気遣い」から、地域社会と十分な関わりをもてない可能性がある。その場合、テーマ・コミュニティが地域社会を先導する形でテーマや学校づくりのプロセスを共有し、地域社会を再興していくという構想は、実現困難なものになるだろう。

しかし、二点目として、上記の場合、独自の教育活動を求める保護者と住民の関係構築は不可能ということを意味しないことが挙げられる。すなわち、両者間の困惑を乗り越えるため、地域社会の維持・課題解決という地域（通学区域）に根ざした関心を有する住民が先導する形で、通学区域外に住む児童生徒・保護者や学校への関心が低い住民を巻き込む動向が起こり、また、通学区域外に居住する保護者の中に、地域社会への関心を芽生えさせる者が現れたのだった。金子ら（2000; p.160）もコミュニティに関する解説の中で、（ローカル・）コミュニティは居住地を同じくすることに加えて、自発的な地域活動を通じて、はじめて形成されることを指摘している。その点においては、本研究も居住地を同じくする住民が地域に根ざした課題解決に取り組むことで、コミュニティが形成されるという金子の指摘に沿っているともいえる。しかし、本研究の分析結果から導かれる示唆は、「通学区域に縛られない集団」ではなく、「その地域（通学区域）に居住する住民」が、他の住民や「通学区域に縛られない集団」を先導していること、そして、あくまでも「学校づくり」ではなく、居住する地域の課題解決、いわば「のがれられない」コミュニティに対する関心から、各種取組みが行われていることである。

ただし、三点目として、地域社会の課題解決に関心を向ける住民が学校を軽視しているわけではないことが挙げられる。むしろ、学校や児童生徒（通学区域外に居住する児童生徒も含む）との交流によって住民は困惑を乗り越え、児童生徒や保護者、他の住民を巻き込む形で、課題解決を試みるようになるといえる。さらに、児童生徒と積極的に関わろうとする背景には、「学校や子どもをないがしろにできない」という意識や、「学校が関係することであれば協力し合えるのではないか」という期待がうかがえる。ここから、地域社会の課題解決において、学校や児童生徒の存在には大きな意義があるといえる。

これらの知見から、以下のことが結論づけられる。すなわち、ある関心をもって学校に関わる集団（保護者）と地域住民の間には、関係構築の可能性がある。ただしそれは、金子の構想のように、独自の教育活動を求める有志が主導する形の、自発性に基づく「学校づくり」という場合に限られない。たとえ住民が自発的に行う形で、同制度の導入・宣伝強化が提案・実行されていなくとも、住民の関心があくまでも居住地に基づく「地域づくり」にあったとしても、「関係者全員が学校に関わるべき」と考える住民が取組みを起こすことで、保護者と住民の関係が構築され得る可能性がある。同制度の導入が地域社会維持のためにせざるを得ない場合を考えると、独自の教育活動を求める有志や自発性、学校（づくり）への高い関心を前提とする金子の構想は、地域によっては非常にハードルが高い。しかし、「関係者全員が学校に関わるべき」と考える住民と学校・児童生徒との交流があれば、そして、必ずしも「学校づくり」自体への関心に基づいた行動でなくとも、地域社会への関心があれば、保護者と住民の関係構築の可能性は開けることを本研究は示した。すなわち、金子の構想よりも現実的・実践的な形で、保護者と住民の関係構築の可能性を提示したといえる。

最後に、本研究の課題を二点挙げる。一点目は、学校に関わるアクター全てに着目した分析ではないことである。すなわち、教委をはじめとする行政・議会や、教職員、学校に通学する児童生徒に焦点を当てた分析が本研究では十分になされていない。二点目は、本研究で住民とテーマ・コミュニティの関係構築を促す存在として挙げた住民が、何故「関係者全員が学校に関わるべき」という考えを持つに至ったのか、とりわけ通学区域内に居住する保護者は、「保護者」としての意見と「地域住民」としての考えを、自らの中でどのように折り合いをつけながら発言・行動しているのか、十分に分析していないことである。以上二点を明らかにすることで、本研究で示したような、同制度によって生じる課題の解決につながると考えられる。

注

（1）ただし、久保（2015b）は調査時点でA県に小規模特認校はないとしている一方、本研究で扱うX小・中は、本文の通り、2004年度から小規模特認校制度を導入している。このズレは、小規模特認校制度には法規による定義がなく、したがって校数の把握も正確になされていないことに起因すると考えられる。久保も、未把握の学校が存在し得ることを認めている。

（2）B市教育委員会規則第13号「B市立小中学校児童生徒の通学区域を定める規則」による。なお、本規則内では「小規模特認校（制度）」ではなく「小規模校特例」という用語が用いられているが、本文で示した内容から、小規模特認校（制度）であると判断する。

（3）X小では、登校は保護者の送迎か路線バス（保護者はバス停までの送迎と乗車確認が必要）、下校は保護者の送迎のみ、許可されている。そのため、送迎負担を理由に子どもの入学・転校を断念する保護者もみられるという。

（4）B市教育委員会による。各校の教職員数は他校との兼務者も含む。また、県費負担教員、市費負担教員の双方を含む。

（5）A県の県紙記事によれば、2003年に教育関係者やPTA、区長などからなる「通学区域弾力的運用検討委員会」が同制度の導入を検討したとある。また、市発行の広報誌を確認すると、同制度実施直前の2004年1月発行のものを除けば（ただし、それも独自の教育活動に関する記載はない）、2011年度以前発行のものには同制度に関する記述がなく、積極的な宣伝はされていない。しかし市教委によれば、宣伝強化以前の同制度に関する資料はすでに廃棄されているという。そのため、インタビュー調査など別の調査を通じて、導入経緯や宣伝実態を今後明らかにしていく必要がある。なお、同制度の宣伝強化以前からX小・中に子どもを通学させている保護者は、以前から同制度を導入していたことを知らなかったとインタビュー調査で述べている。少なくとも、地区内保護者への周知は十分に行われていなかったことがうかがえる。

（6）当時の担当者であった、元市教委職員へのインタビューより。

文献一覧

・門脇正俊（2005a）「小規模特認校制度の意義，実施状況，課題」『北海道教育大学紀要（教育科学編）』55巻2号、pp.35-50.
・門脇正俊（2005b）「小規模特認校の類型論的考察」『北海道教育大学紀要（教育科学編）』56巻1号、pp.47-60.
・金子郁容・鈴木寛・渋谷恭子（2000）『コミュニティ・スクール構想――学校を変革するために』岩波書店
・久保富三夫（2015a）「「小規模特認校」制度の先進事例に関する調査研究」『和歌山大学教育学部教育実践総合センター紀要』24号別冊、pp.39-50.
・久保富三夫（2015b）「小規模特認校制度の教育的意義とその実現のための要件に関する研究」『人間科学部研究年報』（帝塚山学院大学）17号、pp.32-46.
・玉井康之（2010）「へき地小規模校の存続をめぐる相克と学校経営の課題――統廃合と存続の葛藤をとらえる分析の視座を中心にして」『へき地教育研究』65号、pp.15-21.
・浜田博文（2001）「地域教育経営論の再構成――学校－地域関係論の検討をもとにして」『学校経営研究』（大塚学校経営研究会）26号、pp.1-15.

（神戸大学・大学院生、日本学術振興会特別研究員）

V

研究ノート

［研究ノート］

教師の職務負担適正化のための検討組織についての考察

――スコットランド教師問題交渉委員会の設置及びその活動を中心として

藤田　弘之

1．はじめに

本稿は、2002年にスコットランドにおいて教師の給与及び勤務条件を検討することを目的として設置された、スコットランド教師問題交渉委員会（Scottish Negotiating Committee for Teachers、以下 SNCT）の設立に至る経緯、制度、並びにこの委員会の作用やそれへの評価などを明らかにし、さらにそれが有効に作用するための基礎的条件につき考察することを目的としている。

我が国において教師の過重負担が叫ばれて久しい。こうした過重負担の問題については、その原因につき多くの指摘がなされ、これに対する対応策も検討され、実施されてきている。しかしなお解決すべき問題も山積していると思われる。教師の過重負担の解決を考える場合、この解決策を検討する組織がどうあるべきかの考察も必要と思われる。こうした解決策を検討する方式の一つとして関係当事者が参加して交渉し、合意を得つつ検討を進める、言わば交渉型の組織が考えられる。

本稿はスコットランドにおける教師の勤務条件に関わる検討組織について明らかにしようとするものであるが、ここでは1945年以来当事者間の交渉によって給与や勤務条件が決められ解決が図られてきた。ただその展開には紆余曲折があり、必ずしも順調には推移しなかった。しかし、こうした経緯の後に2002年に設置された常置委員会である SNCT は、教師の給与や勤務条件の問題の解決に重要な役割を果たしてきた。したがって、交渉型の検討組織の在り方を考える際の１つの事例として SNCT について明らかにすることは意義あることであると考える。

この問題についての我が国の先行研究は、2009年に国民教育文化総合研究所が行った調査（国民教育文化総合研究所 2009）及び犬塚（2008）による教師の勤務時間と授業時間についての簡単な紹介以外にない。また SNCT については、イギリスでも有益かつ詳細な先行研究は、管見の限りないと考えられる。

本稿は、以上を踏まえたうえで、公文書や SNCT 関係の文書を吟味し、スコットランドにおいて特に給与以外の教師の勤務条件がどのような組織の下でどのように検討されてきたか、また検討されているかを明らかにしようとするものである。

2．スコットランド教師問題交渉委員会の設置に至る経緯

スコットランドにおいて、1960年代以前に給与以外の教師の勤務条件に関して組織的な交渉が行われることは殆どなかった。こうしたことが行われるようになるのは、交渉組織が設置された1968年以後である。この年スコットランド教師勤務条件委員会（Scottish Teachers Service Conditions Committee、以下 STSCC）が設置された。STSCC の委員の構成は、地方当局の連合組織を代表する12名、３つの教員組合を代表する21名、スコットランド省を代表する２名からなっていた。そして、地方当局立の学校に雇用される教師の勤務条件について検討し勧告を行った。教師の勤務条件は個々の教師と当局の間の雇用契約において定められたが、当局は STSCC の勧告に従う義務はなかった。STSCC は当初論争のない、些末な問題を取り扱ったが、1970年代初頭より教師不足問題の深刻化とともに、組合からの要求が高まり、学級規模や学級での教育指導の時間の基準などの検討を迫られた。こうして、1970年代より、給与と並んで給与以外の勤務条件の交渉が本格化するようになった。

STSCC はその後の組織再編の結果、1982年に学校教職員のためのスコットランド合同交渉委員会（Scottish Joint Negotiating Committee for Teaching Staff in School Education、以下 SJNCT）に統合された。この委員会は地方教育当局に雇用される教師の給与及び勤務条件を決定すること、これら決定事項に関して当局と教師の間の紛争が生じた場合その解決に努めることを任務とした。この委員会は35名の委員から成っていた。すなわち、管理者側として、スコットランド地方当局協議会（Convention of Scottish Local Authorities、以下 COSLA）の代表17名が出た。また教師側から、スコットランド教育協会（Educational Institute of Scotland、以下 EIS）の代表13名の他、３つの他の教員組合から５名の委員が参加した。政府からはオブザーバーとして２名が出た。決定は当局代表と組合代表の合意によって行われ、決定事項は法制化され強制力を持つことになった。したがって、地方当局はその決

定条件を履行する義務を負わされた。大臣はその決定について直接介入する権限を持たなかったが、合意が得られない場合仲裁手続きに関与した。

このように1982年よりSJNCTが活動を始めたが、特に給与問題で双方が合意することができず、出された仲裁裁定も受け入れられないという状況がしばしば生じた。またこれに伴って、以前にも増して労使紛争が間欠的に生じ、また時に激しくなった。こうした状況を解決すべく、1986年３月にメイン（Main, P.）を議長とする検討のための独立調査委員会が設置された。そして、同委員会による給与や勤務条件に関わる検討の結果、1986年９月に『スコットランドにおける学校教師の給与及び勤務条件に関する報告書』（通称、メイン報告書）が出された（Main Report 1986: pp.140-147）。このメイン報告書は、SJNCTの問題について以下の点を指摘している。１つは、特に給与について交渉以前に地方当局の支出に対する中央政府の厳しい財政抑制があり、勤務条件の交渉は実際上困難だったことである。２つは、委員会自体の予算が十分ではなく、決定に必要な調査を十分行えなかったことである。３つは、小さな団体の意見が無視され、決定に反映されなかったことである。４つは、中央省の２名の代表者は単にオブザーバーとして参加するのみで合意の成立に関わらなかったことである。５つは、教員団体側において、財源難の中でも合意することに躊躇しあるいは妥協案を拒否することが多かったことである。こうした問題を指摘した後、委員会は今後の交渉組織やそのあり方について、(i) 交渉型、(ii) 中央省主導型、(iii) 独立機関型、(iv) 独立機関及び交渉型の折衷型の４つに分け、その是非について検討した。そして、結論としてSJNCTを廃止し、教師の給与及び勤務条件に関して独立調査委員会が設置され、この委員会が２年ごとに報告すべきとの勧告を出した。

上記メイン報告書の勧告にも拘らず、SNJCT自体は廃止されずその後も存続した。ただこの報告書の諸提言は、SNJCTの活動や合意形成過程に一定の影響を与え、合意形成の努力もなされた。こうした動きはあったが、とりわけ給与に関する交渉で合意を達成することはなお難しく、1990年代に入っても断続的に激しい労使紛争が続いた。

3．スコットランド教師問題交渉委員会の設置にむけた検討

1990年代後半には国際的に急速な教育改革が進んだが、スコットランドもこれに呼応して教育水準の向上を目指すべく大きな教育改革が次々と提案されて

いた。しかし、その一方で教師の勤務条件についての紛争は収まらず、こうした改革の阻害要因となっていた。この状況に対し、教育大臣ガルブレイス（Galbraith, S.）はSJNCTを廃止し、教師の給与や勤務条件を決定する新たな機関について諮問することを表明した（Scottish Office 1999: p.65）。ガルブレイスの示した施策はその後具体化された。すなわち、2000年に制定されたスコットランド学校水準法第55条でSJNCTが廃止された。これと並行して、1999年９月マクローン（McCrone, G.）を議長とする教師の給与及び勤務条件に関する検討委員会が立ち上げられ、検討が進められていった。この委員会の検討結果は、翌2000年５月に『21世紀に向けた教育専門職』という報告書（通称、マクローン報告書）として公表された（McCrone Report 2000）。

マクローン報告書は、冒頭で教師の職務負担増の問題に言及している。報告書はその原因として、(i) 政府による近年の多数の教育改革の実施に伴う負担増、(ii) 教育に関わる官僚主義の増大[(1)]、(iii) 社会的包摂等の教育推進に伴う要求の増大と学校資源の枯渇、(iv) 生徒の無軌道な行為の増大への対応に伴う教師のストレスの増大と疲弊、(v) 教師に対する親の挑戦的な態度、等をあげている。そして、全体として社会は教育活動を重視せず、教師は過重労働を強いられ、また低い水準の給与しか保障されていないと感じていると述べ、この状況が教師のモラールや満足度に負の影響をもたらしていると述べている（McCrone Report 2000: p.2）。報告書はこうした状況に言及した上で、勤務条件の改善策を含む教師の地位向上のための諸方策を提示した。

このマクローン報告書はこうした諸方策とともに、今後の給与や勤務条件の検討組織の在り方を議論し、その結果を述べ勧告を行っている（McCrone Report 2000: pp.57-60）。委員会は考えられる選択肢として、(i) 個々の当局と地方の教員組合の間の地方での協議システム、(ii) 指数連動型システム、(iii) 全国給与見直し機関の設置、(iv) 全国的包括的交渉システムの４つを提示しその是非を検討している。第１の地方協議システムは地方毎の特殊事情に対応できる柔軟性を持っているものの、地域ごとに異なる給与や勤務条件の発展を認めることは当局間の競争を招き、不公平を生じ全体として専門職に負の影響がある。こうしたことから委員会はこれを否定した。ただし、勤務条件の計画には地方レベルで合意を得る余地もあることを認めている。第２は、指標連動型である。これは特に給与の決定について透明性を持ち、また効果的な方法であるが、柔軟性を欠き、変化する状況にそれを合わせることは困難であるとしてこれを否定している。第３は、独立した給与その他の見直し機関の設置である。これはその適格性を考慮して広い範囲から選ばれる政党や政府から独立したメンバーから構成される機関である。これを支持する議論は、こうした機関が全ての問題について偏見を持たず、第三者的な見解を提示することができ、当事者の証拠や証言に基づいて結論を出すことができるために、政治的論議を回避でき、争議行為のリスクを減らすことができるとしている。またこの方式は既述のメイン委員会が支持した立場である。委員会はしかし、こうして設置された委員会の勧告の提示先、及び勧告の実効性の問題を検討している。すなわち、地方当局へ出されても、中央省に出されてもそれは当然両者の間の財政交渉を必要とし、不確実性や軋轢を生むと論じている。したがって現在の教育財政制度の下では、この方式は不適と結論している。第４は、全国的交渉システムの導入である。これは既にSNJCTの先例があるが、他の部門でも採用されている。そのメリットは、関係当事者がその過程に関与していることを実感できることであり、自らの見解を他に伝えうることである。しかし、それは交渉過程が政治化し、当事者の善意に左右されるという短所もある。また合意されたことは当事者が受け入れられる最低限の共通事項であるために、改革が促進しないこともある。さらに、地方当局はどうしても中央省の財政的支援なしでは対応できず、その対応能力に限界がある。

以上の検討の上に、委員会はあるべき組織が次の４つの条件を満たすべきであるとしている。１つは当該組織が透明性を持ち、全ての主要な当事者が関係することである。２つはこの組織は必要とされる変化や改革を促進し、なおかつ安定性と確実性を備えることである。３つは、専門職として、高度な質の教師を充員し、保持し動機づけることができるために教師の給与の下落を防がなければならないことである。４つは、その組織は教師の給与の停滞や定期的な危機のサイクルを回避するため問題の解決に尽くすべきことである。

こうして、委員会は、次の勧告をなした。(i) 教師の給与等は、全国交渉委員会の形式において、包括的交渉によって決定されるべきこと、(ii) この委員会は１年毎のサイクルで活動すべきであるが、委員会が決定した場合は２年から３年毎の決定も可であること、(iii) 重要な問題に関して承認のために全国交渉委員会に通知することを前提に、個々の当局と地方の組合との間の地方での交渉の余地を認めること、(iv) 交渉委員会は地方当局の雇用者の代表、教員組合（SJNCTにおいては代表していなかった校長協会を含む）の代表、及び、スコットランド省の代表から構成されるべきこと、(v) この機関において達成された合意は法において規定される必要はなく、雇用法は乱用に対して十分な保護措置を提供できること、(vi) この交渉委員会に加えて、省は3年毎の給与の見直しをする小規模の独立機関を設置すべきこと、(vii) その報告及び勧告は交渉委員会のすべての当事者に配布され、また公にされるべきこと、以上である。

2000年5月にマクローン報告書が出されて後、政府は9月に教員組合、COSLA の代表と協議を行い、その実施に向けた3者の代表から成るグループを立ち上げた。そしてあるべき交渉組織の検討を進めていった。この検討グループは、2001年1月に報告書を出したが（通称、マクローン合意書)、それはマクローン報告書の勧告に基づき、教師のキャリア構造、勤務条件、専門職としての職能成長とそれへの支援等についての合意事項を述べ、最後に今後の交渉機構の在り方を述べている。

4．スコットランド教師問題交渉委員会の設置とその作用

マクローン合意書は、「合意の領域、また扱われた詳細は雇用者、教師の代表、政府の間の議論と対話の素晴らしい過程によって達成された。」「辿った過程、その成功は今後の議論や交渉のモデルになる。……我々は将来、教師の組織、雇用者、政府の間で作用する関係が、共有する責任、変化のための考えや計画の発展の共有に基づき、相互信頼と理解に基づくことに同意する」と述べたが（McCrone Agreement 2001: p.1)、2002年に設置された SNCT の組織、活動の原則、その下での作用等々はすべてこの合意書に基づくものである。

合意書は、SNCT と称する全国交渉委員会と地方当局毎に地方交渉委員会（Local Negotiating Committee for Teachers、以下 LNCT）を設置することを決定し以下について確認している（McCrone Agreement 2001: p.18, appendix F&G)。即ち SNCT は、(i) 教員組合の代表（11名)、COSLA の代表（8名)、政府の代表（3名）から成り合意の原則に基づいて作用すること、(ii) 地方当局により雇用される登録教師、音楽の指導者などの給与及び勤務条件を検討協議し、合意を達成すること、(iii) 決定された合意の実施を地方当局に促し、支援を行う他、当局と教師の間で合意事項について争いが生じ、解決ができない場合について上訴の仕組みを整え仲裁を行うこと、(iv) 教師の専門職としての職能成長活動の推進を支援すること、以上である。

SNCT にはそれぞれの構成主体を代表する連絡調整のための３名の幹事が任命され、また必要な職員が置かれる。それは年次総会を開くほか、緊急の課題について必要に応じて会議を開き、または連絡調整幹事のみの会合が開催される。会議の議長はそれぞれの構成主体から出し、回り持ちで担当する。会議の決定は全会一致が原則とされる。またその経費はそれぞれの構成主体が均等に負担する。

LNCT は各地方当局の代表と地方の教員組合から構成され双方の間で交渉がなされる。それは SNCT のレベルで決定される事項以外の勤務条件に関する問題で、決定を委任された事項について合意を達成する。合意書によれば、SNCT において決定すべき事項は、給与（関連する手当を含む）、職務義務、週あたりまた年度ごとの勤務日数及び時間、年次休暇、学級規模、病気休暇、出産及び家族に関わる休暇、懲戒及び苦情処理の枠組み、職能成長の枠組み、地方組織における諸手続きの承認等であり、LNCT は委任された事項、またこれ以外の事項についての決定を行う。SNCT 及び LNCT における合意事項については合意書が作成される他、関係者に通知される。SNCT は勤務条件に関する必携書（Handbook）を作成しているが、合意内容はこれに追加され、またオンライン上でも見ることができる。LNCT における合意事項は SNCT に報告される。

既述のように SNCT は2002年に設置され、活動を続けているが、SJNCT と比べて次の点で変更があった。１つは中央政府の代表が交渉の当事者に加わり大きな役割を果たすようになり、合意内容を実現し、具体化できる可能性が高まったことである。２つは合意事項は法定されず、雇用法上当事者間で順守すべき取り決めとして扱われることになったことである。この点で以前のような画一的な実施ではなく、状況に応じて弾力的な取り扱いができるようになった。３つは教育改革の進展に伴う教師の負担増の解決及びそのための条件整備もその検討対象とされていることである。４つは地方での交渉の仕組みが確立したことである。５つは、特に「専門職としての継続的な職能成長」（Continuing Professional Development、以下 CPD）活動を職務義務に位置づけこれを推進しようとしたことである。

さて、SNCT において交渉がどのようにして行われているかであるが、これについては文書類が一切公表されておらず、また研究物も出ていないと思われる。筆者が EIS 及び COSLA の SNCT への代表者に対して行ったインタビューでは、交渉は各当事者が客観的な証拠や調査データを持ち寄り、水面下で行われるとのことであった[(2)]。すなわち、実際の交渉は会議ではなく、政府側代表とCOSLA代表、COSLA代表と教員団体代表、教員団体代表と政府代表のそれぞれ2者間で非公開で行われ、一定の合意を得たのちに、全体会で議論される。COSLA代表によれば、交渉で最大の問題は常に財政問題であり、これはそれ以前のSJNCTの場合と同様である。EIS代表によれば、会議以前に地方支部を通じて教師の意見や要求を把握し、さらに独自に調査を行いデータを得た上で、これを基礎に要求を出している。また交渉の状況や決定されたことについては、EISの各種会合を通して各教師に伝達し、また広報活動を行っている。

既述の通り、SNCTの合意内容は通知され、加除式のSNCT必携に登載されている（SNCT Handbook）。この中で特に教師の職務義務や勤務時間に関することを取り上げれば以下のような内容になっている。まず、職務義務である。これには、担当学級での教授、カリキュラムの開発、生徒の学習についての評価・記録・報告、生徒の試験の準備等児童生徒に対する教育指導に関わることが列挙されている。また教師が行うべきではなく、補助スタッフ等が行うべき職務として、生徒の学校での教育活動の時間内、また教師の学級指導時間を越えた時間での、校庭、レクレーション区域内での生徒の監督、金銭の徴収やチケットの発行を含む学校給食業務その他の事項が詳しく述べられている。これを見る限り、教師は学校での教育活動を中心に業務を行うことが規定されており、いわゆる非本来的な業務は教師の職務義務には含まれていない。

勤務日数、及び勤務時間であるが、年間195日の勤務日が規定されている。そのうち190日は生徒の教育指導に関わる職務のためであり、残りの5日は、地方当局が計画する個々の教師に関わる義務の履行のためである。また勤務時間は週35時間以内と規定され、そのうち22.5時間が学級での生徒の指導のためとされている。残りは授業の準備、記録・報告の準備、指導計画の作成、保護者面接、職員会議、「専門職としての振り返りと職能成長」（Professional Review and Development）及びCPD活動等に充てられる。なお、教師は職能成長のために年間35時間のCPD活動を行うことが義務付けられている。また学級規模の上限について、段階ごとに30名から33名で規定され、混合学級や実践的指導の場合はそれぞれ25名、20名とされている。この他、給与、年間休暇、傷病手当、家族のための休暇、懲戒及び苦情処理手続きなどが定められており、出されたそれまでの通知がすべて収められている。

以上SNCT及びSNCTの下の地方組織であるLNCTについて述べてきたが、その活動については、2004年に視学部（Her Majesty's Inspectorate of Education）が、また2006年には会計検査庁（Audit Scotland）が評価を行っている。しかし、特に重要なのは2011年に出された教師の雇用問題に関する見直し報告書である（McCormac 2011）。この報告書は2011年１月に政府がマクローン報告書に基づく合意事項の実施状況検討のために設置した独立委員会が出したものである。この委員会の議長はマコーマック（McCormac, G.）が務め構成する７名の委員が調査検討して報告したものである。委員会は調査会社に委託した教師を含む教育関係者3387名の調査データを基礎に（Granville et al. 2011）、回答者の83％はSNCTが設立以来十分に、また満足するように業務を行ったと評価しており、また82％はLNCTを高く評価したとし、それらの変革を求める声はごく少数であったとしている。ただ、これまでに週あたりの勤務時間を守るという目標は必ずしも達成されておらず、一層の改善が必要であるとしている。しかし、委員会は関係諸団体や学校等での別の聞き取り調査等を総合して、最終的にSNCT及びLNCTにおける交渉を司る諸制度は適切であり、これを変更する必要はないと勧告している（McCormac 2011: pp.48-49）。この報告書が述べるように、少なくとも現在までSNCTの改組や解体を求める声は出ていない。このような報告書が出される一方で、教師の労働時間が規定時間を越えているという調査もあり、マスコミでは教師の過重労働を指摘する報道もある（例えば、Priestly/ Shapira 2018）。ただ過重労働といっても我が国の場合とはレベルが異なると思われる。スコットランドでも教師のうつや精神疾患は種々指摘されているが、少なくとも教師が疲労困憊し、過労死するような事態は生じていない。

5．おわりに

以上本稿はスコットランドで設置された教師の給与や勤務条件を検討するためのSNCTについて、その成立に至る経緯、組織や役割、活動などを明らかにし、その評価について論じた。既述のように、このSNCTの活動にもかかわらず、教師の職務負担問題が必ずしも全て解決していないという実態がある。しかしこのことはSNCTそのものの存在意義を否定するものではない。解決が困難な理由も、組織自体の問題というよりその時々の経済情勢等の他の制約要因が考えられる。事実 SNCT についてはこれを評価する論調が多く、改変すべしという議論はみられない。

これまで指摘してきたように、スコットランドにおいては交渉型の SNCT が作動し、教育改革の進展に伴う職務負担の増加への対応や条件整備を含め、各当事者の立場やデータに基づく諸要求を調整し問題を共有しながら教師の職務負担の問題の解決が図られようとしている。こうした仕組みが有効に作用している条件として次の２点を挙げることができる。１つはスコットランドにおける教師政策の形成及び執行が日常的に教育関係者のパートナーシップに基づき行われていることである。したがって、勤務条件の検討の際にも、関係者が対等に、また相互信頼関係を持って交渉にあたっていることである。２つは、教師の意思を糾合しこれを政策に反映する団体が存在していることである。特に、EIS の存在は極めて重要である。EIS は1847年に設立され、以後教師の資質能力の向上や勤務条件の改善に取り組んできた。この EIS にはスコットランドの教師の80％以上が加入している。そして、その代表は SNCT のみならず、各種の教育政策形成過程に参加し、教師の意思を政策に反映すべく務めている。スコットランドの検討を通して明らかになるのは、交渉によって勤務条件を決定し、問題を解決していくためには、関係者間のパートナーシップとこの交渉の一端を担う組織的な教師集団の存在が極めて重要であるということである。

注

（1）例として、文書件数の増加などについて指摘している。

（2）2019年８月27日、EIS にて Dave McGinty と、また同日、COSLA にて Tom Young にインタビュー（IC レコーダーに記録）。

引用文献

・犬塚典子、「スコットランドの教員政策――勤務時間と授業時間」『季刊 forum 教育と文化』52号、2008年、23-31頁。

・国民教育文化総合研究所『授業準備と子供と向き合う時間こそ』（教職員労働国際比較研究委員会報告書）、2009年。

・Granville, S. et al., *Review of Teacher Employment in Scotland-Analysis of the Call for Evidence Responses*, George Street Research, 2011.

・House of Commons, *Report into the pay and conditions of service of school teachers in Scotland*, 1986, HMSO.（Main Report 1986）

・Priestly, M./Shapira, M, *Teacher Workforce Survey in Scotland: Final Report*, University of Strathclyde, 2018.
・Scottish Government, *A Teaching Profession for the 21st Century-The Report of the Committee of Inquiry into professional conditions of service for teachers*, 2000.（McCrone Report 2000）
・Scottish Government, *A Teaching Profession for the 21st Century-Agreement reached following recommendations made in McCrone Report.*（McCrone Agreement 2001）
・Scottish Government, *Advancing Professionalism in Teaching-The Report of the Review of Teacher Employment in Scotland*, APS Group Scotland, 2011.（McCormac Report 2011）
・Scottish Office, *Targeting Excellence-Modernising Scotland's Schools*, 1999.
・SNCT, *SNCT Handbook of Conditions of Services*, SNCT, n.d.

（関西外国語大学）

VI

内外の教育政策・研究動向

［内外の教育政策研究動向 2020］

国内の教育政策研究動向

中村　恵佑

本稿では2020年の国内の教育政策研究動向を、（１）Society5.0と教育政策、（２）高大接続改革におけるテスト政策、（３）幼児教育・保育と高等教育の無償化という三点に着目してまとめる。なお発表年は全て2020年のため省略する。

（１）Society5.0と教育政策

2016年に閣議決定された「第５期科学技術基本計画」の中で、「狩猟社会、農耕社会、工業社会、情報社会に続くような新たな社会を生み出す変革を科学技術イノベーションが先導していく」（11頁）ことを意味する「Society5.0」が提唱された。これに基づき文科省もSociety5.0における種々の教育政策を実行しているが、以下ではSociety5.0と教育政策、そしてその重要政策の一つであり、コロナ禍における新しい教育の形としても注目が集まる「ICT教育」や「GIGAスクール」構想に関する政策分析を行っている主な研究を紹介する。

まずSociety5.0に関して、『教育制度学研究』では「Society5.0の教育制度改革を問う」という特集が行われている。例えば合田は、Soceity5.0というアイディアが教育政策で提起・受容され政策転換が実現したプロセスに着目し、2014年の学習指導要領改訂作業から、GIGAスクール構想やコロナ禍でのICT環境整備への国費投入に至る政策過程を分析している。結果、政策転換の背景として、「アイディアとしてのSociety5.0が示す時代像や社会像」の存在や、政策形成が文科省、経産省、与党の関係議員の連携により一定の筋書きにより行われた点、政策実現のための「幅広いイシュー・ネットワーク」の存在等を指摘している（14～15頁）。一方広瀬は、第５期科学技術基本計画から経団連の「未来社会協創会議」提言（2018年）に至るSociety5.0誕生の経緯や科学技術政策の特徴等を整理し、Society5.0が学校教育制度をどう変化させていくかについて、経産省による「未来の教室」実証事業やデジタル教科書、プログラミング教育の必修化に伴う公教育のICT化・商品化と教育産業の参入等に焦点を当て論じている。また文科省が、2019年に不登校児童生徒の遠隔教育システム等による自宅学習を指導要録上の出席と認めたことで、「スクーリングを必須としていた『就学義務』の綻びは事実上始まっている」（71頁）と指摘している。

この特集の他に児美川は、国家戦略としてのSoiety5.0の危険性に関して、例えばSociety5.0実現のための人材育成の役割を公教育が担わされた点や、そのために学習空間は最新技術が駆使される場となる点、産業界が公教育に参入する点を踏まえ、公教育がSociety5.0に侵蝕されると論じている（8～9頁）。

こうしたSociety5.0の教育における重要政策が、教育現場でICTを活用する「ICT教育」や、１人１台端末を配布する等、学校教育のICT環境を整備する施策である文科省の「GIGAスクール」構想である。これらは、オンライン授業による新型コロナウイルスへの対策といった観点からも関心を集めている。

始めにICT教育の研究に関しては教育現場での実践報告（e.g.青柳）が多いが、ICT教育の政策展開にも着目した主な論考として、村上はプログラミング教育とデジタル教科書に着目し、「ICTによって学校教育のあり方が従来とは全く異なるものに変化する『転換点』」としての学校教育の「臨界」（55頁）を考察している。まずプログラミング教育に関しては、新学習指導要領における小学校での必修化をめぐる政策動向を整理した上で、「プログラミングのスキルが各教科の学習における必要条件となったとき、現状の『教科』という枠組みとその１つのコンテンツとしての『プログラミング』の主従関係は逆転する」（58頁）と述べている。次にデジタル教科書に関しても政策展開や文科省の検討会議の議論を紹介し、教具・教材のデジタル化により「学校施設、学校空間の‘リアル’から‘ヴァーチャル’への転換」（62頁）が行われると指摘している。

またGIGAスクール構想については、東原が1970年代から初等中等教育の情報化の歴史を整理した上で、構想の経緯や内容を説明している。その中で、構想前の2016～2019年に文科省の「ICT環境整備方針」や学校教育法改正によるデジタル教科書の承認、情報化に対応できる教員養成のための教育職員免許法改正等があったと述べている。また構想の特徴・意義に関して、「自治体の意思決定を迫る国の予算と整備の低廉化」（12頁）やICT環境整備における「都道府県教育員会と市町村教育委員会の連携強化」（12頁）等を指摘している。一方中嶋は、端末やネットワーク環境を整備する中、「教育産業から教育コンテンツを購入して授業に置き換えていくとなれば、これまでほど多くの教職員は必要ない、家庭で学習できるなら学校さえいらない、といった議論さえ出てきかね」ず、「AI技術を利用して、既存の知識を効率よく教え込むことを『個別最適化』という言葉で表現しているとすれば、とんでもない思い違いで教育政策が左右され、誰一人大切にされない教育が始ま」ると述べている（152頁）。このように、Society5.0の教育政策については、コロナ禍で教育のICT化が一層注目される一方、その短所や学校教育に与える影響も踏まえた分析が蓄積されている。

（2）高大接続改革におけるテスト政策

第二次安倍政権で始まった高大接続改革で、「大学入試センター試験」に代わる共通試験である「大学入学共通テスト（共通テスト）」と、高校での学力テストである「高校生のための学びの基礎診断（基礎診断）」という二つのテストが創設された。しかし、特に前者については技術面や公平性等の観点から批判が多く、英語の民間試験と記述式問題の導入が延期された。このように様々な課題を残したまま開始された両テストに関する多くの研究が2020年も行われた。

まず共通テストの政策内容に関して、倉元編著には、高品質の評価やコストの抑制、明確な採点基準と迅速な採点等の観点から課題を述べた南風原や、共通テストの問題例に高校生がいかなる印象を持ちそれを解くのにどのような資質・能力が必要だと認識しているかを、センター試験や個別学力試験を比較対象として質問紙調査を行った田中・宮本・倉元が収録されている（いずれも過去の論文の再録）。中村編著でも政策内容の検証が行われており、テスト理論から記述式問題における信頼性や妥当性の課題を指摘した宇佐美や、入試にスピーキングテストを導入すればその力が伸びるわけではない点や民間委託ではなく独自にスピーキングテストを開発・運営する必要性を指摘した羽藤等が挙げられる。

一方、両テストの政策形成過程に着目した研究も行われた。まず大塚は、今回の高大接続改革の経緯を整理した上で英語の民間試験と記述式問題の導入の過程を中心に概観している。その結果、「入試研究の体制作り、人材養成等のインフラ整備などへの予算投入」(191頁) が必要であること等を指摘している。次に濱中は、大学入試改革が迷走している背景を解明するために、研究者側の問題点にも着目して改革過程を分析している。その結果、研究者の訴えが推進派に聞き入れられなかった理由を、研究者が「反論の余地を残す主張を繰り返してきた」(195頁) 点、教育現場の実態把握が不十分だった点、未来志向の推進派に対し、現在の問題の解決を説きがちで未来を描けなかった点という三点にまとめている。荒井は、2012年から2020年までのテスト政策を中心とした高大接続改革の経緯を整理した上で、2013年に教育再生実行会議が提言した「達成度テスト」は大学が主体の「発展レベル」と高校段階の学力到達度の評価を行う「基礎レベル」に分かれていたが、その後の中教審の検討で、学習指導要領のうち特に「学力の三要素」を評価するための「学力評価テスト」と「基礎学力テスト」に変更されたと説明している。また、基礎学力テストに代わり当初の目的とは異なる高校入学時の基礎学力を評価する基礎診断が導入された点や、学力評価テストが高校教育の延長上に位置づけられたことで大学入試の性格とは異なる試験になった点等を指摘している。そして、今回の改革の目的の曖昧さに疑問を呈しつつ「改革の思考そのものが未熟だったのではないか」(270頁) と総括している。最後に中村は、基礎診断に繋がった高校での新たな学力テスト（中教審・文科省で検討されていた「高大接続テスト」や、中教審高等学校教育部会が発表した「高等学校学習到達度テスト」）に関する中教審の審議状況と、教育再生実行会議が中教審の議論を参照して審議を行っていたのかという二点を分析している。結果、第二次安倍内閣以前から中教審で「高大関係者を中心に新たな学力テストの合意形成や具体案の策定に向けた議論が継続されて」おり、特に否定的だった高校側が方針転換し「自らも高校教育で学力保証を行う必要性を認識した」上で具体案の策定に参加したことが重要だった点や、「実行会議は自由な議論を行ったというよりも、中教審での議論を実際に参照し」学力テストの導入を審議していたと結論付けている（127頁)。以上紹介した研究のように、多大な混乱を招いた高大接続改革に関しては今後も政策内容と政策形成過程の両面からその検証を進めていく必要があるだろう。

（3）幼児教育・保育と高等教育の無償化

2019年10月から3～5歳児の幼稚園、保育所、認定こども園等の利用が無料となる幼児教育・保育無償化が、また2020年4月から、高等教育無償化の一環として授業料等減免や給付型奨学金の拡充を柱とする「高等教育の修学支援新制度」が始まった。以下ではこの二つの無償化政策に関する研究を紹介する。

幼児教育の無償化に関して、まず勝部は、2005年の自民党の提言から2019年の「子ども・子育て支援法の一部を改正する法律案」（支援法）可決に至る政策過程を整理し、幼児教育が「国家戦略」として推進され「2度の政権交代による影響を強く受けながら、国家戦略化の加速、停滞を経て復興する形で推移している」（174頁）とまとめている。一方同法に無償化が明文化されていない点を踏まえ、「財政事情など内閣の政策判断により『政令改正』のみで有償化に制度変更することも、原理的には可能な状況にある」（181～182頁）という問題点を指摘している。また幼児教育・保育政策の国際比較も行っており、例えばユニセフ・イノチェンティ研究所による先進国25か国で達成が望まれる保育評価項目の分析を紹介し、日本は達成率が「中位から低位」であり、「幼児教育・保育に公費を投じる意義を高く見出さない国家ということができ、その社会的支持も強いことが示唆される」（181頁）と述べている。次に小泉は、支援法改正の概要を説明し、教育法学における公教育の「無償性」から法改正の特徴・問題点を考察している。分析では、無償化が「子どもの学習権・人間的成長発達を保障する積極的条件整備であるかということが問題になる」（139頁）とした上で、給付方式、無償化の対象者、費用負担、給付水準、アクセスの観点から制度内容や問題点を検討している。例えば費用負担について、「教育・保育の質の向上のための措置は、本来的には公教育の無償による政府の義務としての現物給付に含まれるべき」であり、「現金給付制度と子どもの権利としての無償性の矛盾が生じている」（140頁）と指摘している。またアクセスに関して、「子どもの教育を受ける権利には、適正に配置された通学条件のよい学校に通う権利が含まれ」ており、無償化に伴い「子どもの施設への平等のアクセス権および地域で育つ権利を保障した施設整備が求められる」（142頁）と論じている。

次に高等教育の無償化については、『IDE 現代の高等教育』で「高等教育の『無償化』を問う」という特集が組まれている。その中で赤林は、教育による知識の増加や社会性の定着という「資本」が蓄積され労働生産性や賃金所得の向上に繋がるという「人的資本論」や、投下した資源の費用に対する毎年の成果を表わす「収益率」等の教育経済学の概念を用いて、学費減免や無償化、奨学金といった高等教育政策の効果や今回の新制度の意義について論じている。例えば新制度に関して、制度の対象となる大学は、学問追求と同時に実務経験のある教員を配置する等、実践的教育とのバランスをとる必要があるとされ、これにより「卒業後の就職可能性を高め、教育の収益の社会還元を狙っていると理解できる」一方、社会的収益の高さの確保のためには「大学が積極的な就職支援活動を行っている実態があることが重要だ」(31頁) と指摘している。

この特集の他に、長島は大学の授業料の廃止と導入が繰り返されてきたドイツの政策変遷を詳述した上で、日本の場合にも「教育の機会均等、教育を受ける権利、経済や社会の発展にとって高等教育の果たす役割、高等教育の経費を誰がどのように負担すべきかといったことについて、改めて検討することの必要性を痛感する」(22頁) と述べている。また山口は、生活保護における生業扶助や世帯分離、世帯内就学といった制度と、高校・大学等への就学との関係性 (保護の対象や条件、内容等) を説明した上で、無償化が「生活保護世帯を含む低所得者世帯に属する大学進学希望者にとって、十分かどうかはともかくも、大きな意義が認められる」とする一方、生活費や就学のための学資は充足されず「大学就学者に経済的余裕が生まれるにはほど遠い」と指摘している (60頁)。

以上の他に、教育の無償化に関する研究として、2017年の第194回国会から2019年の第200回国会に至る教育の無償化についての審議経過や議論の特徴を整理した渡部や、公立中に通う子を持つ保護者は私立中保護者より公立高校・国公立大学学費を、私立中保護者は公立中保護者より私立高校・私立大学学費を「税金で負担すべき」と考える人の割合が高いことを示し、ゲーム理論に基づきこれが「囚人のジレンマ」状態であると指摘した木村が挙げられる。このように、無償化政策は教育学上の重要な論点でもあり、教育法学や教育経済学の理論の適用、政策過程への着目、国際比較等、様々な観点から研究が進んでいることが指摘できる。

【付記】本稿にはJSPS科研費19J21364の助成による成果が一部含まれる。

参考文献・資料

・青柳圭子（2020）「国語科におけるICT活用の可能性と課題―中学校1年生の実践を通して―」『成城大学教職課程研究紀要』(2)：33-39
・赤林英夫（2020）「経済学から見た高等教育無償化政策」『IDE現代の高等教育』(618)：28-32
・荒井克弘（2020）「高大接続改革の現在」中村高康編著『大学入試がわかる本―改革を議論するための基礎知識―』岩波書店：249-272
・宇佐美慧（2020）「記述式問題の現在―テスト理論から見た検討課題―」（前出の中村編著に収録）：89-107
・大塚雄作（2020）「共通試験の課題と今後への期待―英語民間試験導入施策の頓挫を中心に―」『名古屋高等教育研究』(20)：153-194
・勝部雅史（2020）「幼児教育・保育無償化に関する研究（一）―制度の導入過程および日本的特徴の検討―」『東洋大学人間科学総合研究所紀要』(22)：169-186
・木村康彦（2020）「公私立学校間で見られる家計の教育費負担軽減に対する行政需要の実証的研究―『囚人のジレンマ』ゲームの適用可能性から見た保護者の政策選好と教育費無償化への方途―」『早稲田教育評論』34(1)：21-36
・小泉広子（2020）「幼児教育・保育『無償化』の教育法的検討」『日本教育法学会年報』(49)：134-143
・合田哲雄（2020）「アイディアとしての『Society5.0』と教育政策―官邸主導の政策形成過程における政策転換に着目して―」『教育制度学研究』(27)：2-23
・児美川孝一郎（2020）「Society5.0は日本の教育をどこに導くのか」『人権と部落問題』72(4)：6-13
・田中光晴・宮本友弘・倉元直樹（2020）「新共通テスト（イメージ例）が測定する資質・能力の分析」倉元直樹編著『大学入試センター試験から大学入学共通テストへ』金子書房：114-126
・中嶋哲彦（2020）「オンライン教育の拡大とGIGAスクール構想が奪うもの―コロナ禍で進行する〈誰も大切にされない教育〉―」『世界』(937)：145-153
・長島啓記（2020）「高等教育の『無償化』をめぐって―ドイツの状況を踏まえて―」『日本教育政策学会年報』(27)：10-24
・中村恵佑（2020）「『高校生のための学びの基礎診断』の政策形成過程における中央教育審議会の役割」『教育制度学研究』(27)：114-132
・南風原朝和（2020）「共通試験に求められるものと新テスト構想」（前出の倉元編著に収録）：72-88
・羽藤由美（2020）「英語スピーキングテスト―入試導入の前提と方法―」（前

出の中村編著に収録)：109-128
・濱中淳子（2020）「入試改革の迷走―推進派と研究者それぞれの問題―」『教育学研究』87(2)：190-202
・東原義訓（2020）「我が国の小中学校を対象とした教育の情報化の進展」『情報処理学会論文誌　教育とコンピュータ』6(2)：1-15
・広瀬義徳（2020）「イノベーション産業化戦略としてのSociety5.0とこれからの学校」『教育制度学研究』(27)：56-73
・村上純一（2020）「ICTから考える学校教育の『臨界』―小学校プログラミング教育必修化と『デジタル教科書』への視点を中心に―」『日本教育政策学会年報』(27)：53-66
・山口道昭（2020）「大学無償化制度と生活保護」『自治総研』(501)：45-70
・渡部昭男（2020）「『教育無償化』論議の経緯と特徴(3)―2017年第194回～2019年第200回の国会審議から―」『教育科学論集』(23)：21-30
・「第５期科学技術基本計画」(2016年１月22日閣議決定)

（東京大学・大学院生、日本学術振興会特別研究員）

［内外の教育政策研究動向 2020］

韓国の教育政策研究動向2020
時代の転換期の教育政策とその研究動向

安　ウンギョン

はじめに

韓国では2017年５月に政権が変わり、国の教育政策の基本的方向として、「幼児から大学までの教育の公共性強化と公教育の革新、高等教育の質向上と生涯・職業教育の革新、未来教育への環境整備と安全な学校づくり、教育における民主主義の回復と教育自治の強化」等が打ち出された。それに伴い国レベルにおいては「大学入試制度の改編、高校無償化、子どもケアサービス（Child-Care Class）の拡大、国家教育委員会の設置、教育部（国家教育行政機関）権限の委譲と地方の教育自治の強化策、民主市民教育（シティズンシップ教育）の活性化総合計画の策定と専門部署の設置および制度整備」等が推進されてきている[(1)]。

とりわけ、国家教育委員会の法的地位をめぐって独立機関にするか、大統領の諮問機関にするかが一つの争点になっている。国家教育委員会は、政権の影響を受けず長期的な観点から国レベルの教育を構想、推進することで、教育政策の安定性と一貫性を確保する機関として計画されていた。しかし、大統領や政権、教育部の権限が弱まることへの懸念や批判が提起されているのである。

こうした動きは2010年、地方教育監の直接選挙制の実施を機に教育行政の分権化が本格的に進められている中、教育自治と教育の自主性を実質的に保障し強化するための仕組みづくりの議論と軌を一にしている。それに加え、学校自治の実効性の確保のための制度の整備を含む様々な議論も着実に観察される。

他方、2020年は、新型コロナウイルスのパンデミックに直面し、危機に対応できる新しい教育モデルが要請され余儀なく実施されている状況でもある。こうした状況が教育現場や児童・生徒にもたらした影響や問題について継続的に取り上げられている。そして、その実態分析と関連しながら教育政策に対する批判的な検討と今後の課題についての議論がなされている。

以上のことから本稿では、近年重点的に推進されてきた教育の地方分権や学校自治と児童・生徒自治の動向を概観した上、コロナ禍の児童・生徒と教育をテーマにし現在の教育政策研究の動向を整理することとする。

教育における地方分権の推進

2009年、「地方教育自治に関する法律」の改正により、直選制教育監（広域自治体（17つ）の教育・学芸に関する事務を管掌）をはじめとする教育自治制が導入され、各自治体の判断による教育政策の策定や推進が可能となり、結果的に教育における国の影響力を弱めているといえる。また、無償給食や革新学校、児童・生徒人権条例等の自治体が推進した政策は、全国的に波及され、政策変化を引き出してきた。教育監は、地域の教育を運営できる自律性を部分的に有することにより住民の意思に応じた教育政策を推進することができ、住民直選制を通して参政権が拡大されたことにより地方教育に対する関心も高まった。

現在においても地方分権と教育自治の強化のため中央の教育権限の移譲が推進され、国家教育委員会の設置を通じた教育ガバナンス改編と初中等教育の分野を中心に政府と地方の役割分担の調整が進められている。

現政権の初期（2017年）段階で、教育部と全国市道教育監協議会は、教育自治政策協議会を設置した。そこでは学校・教育現場の意見聴取を経て幼初中等教育の地方分権の強化と学校民主主義（学校自治）の達成を目指す「教育自治政策のロードマップ」を策定し、従来のトップダウン式や規制中心の教育政策を止揚すると発表した（教育部2017年12月）。

そのロードマップは２段階で政策を推進することが示され、１段階では、法律的根拠のない教育規制を原則的に廃止し各市道の教育庁の独自または共同で推進できるようにすることと、各学校の民主的な運営が確保できるよう教育庁から積極的に支援することを重点的に行うと計画している。２段階では、教育部と地方教育庁の共同政策研究をもとに権限配分のための法令の改正や制度整備を推進することが含まれた。

具体的な施策をみると、教育部独自の事業の縮小、教育部の教育財政特別交付金の縮小、教育部中心の市道の教育庁に対する評価方式の廃止と評価結果に応じたインセンティブ予算交付の廃止、教育庁の自律権限の拡大、学校業務軽減を図るための措置、学校運営や教育課程編成・実施できる体制づくり（入学・卒業・授業・放課後プログラム等の改善、教員評価制度の改善)、学校自治への支援、学校単位の自己評価制が挙げられている。そして、中央と地方政府の対等で協力的な関係を規定する法制度の整備を推進すること（地方移譲一括法や地方自治関連法令、初中等教育法等の改正)、国の責務が要求される国家教育の標準設定、未来教育の戦略、教育格差の解消、児童生徒の健康安全などの領域は中央政府が役割を遂行していく方向が示されている。

学校自治と児童・生徒自治

法制度の面で地方分権化が推進され教育自治制度が導入されたことによって、学校の自律的な運営が大きな流れ（ジョ・サンシク 2020）となり、学校自治の政策や実践として表れている。教育自治政策協議（教育部と全国市道教育監協議会）において、学校自治は学校構成員（児童・生徒、教職員、保護者）が学校運営に関する権限を持って、学校の独自の教育課程を構成・運営・評価等の意思決定過程に参加し、その結果に責任を負うこととして提示され、学校自治を通して学校の民主主義を実現することに重点を置いている。そして、全国の教育行政の重点施策に「学校自治」が策定されており学校の自律権を強化する学校改革案として進められている状況である。

現在、学校自治条例が制定されている自治体は、京畿道（2010年)、光州広域市（2011年)、全羅北道（2013年）の三つである。具体的な規定においては若干の違いはあるものの、児童・生徒の自治活動、教職員の専門的な自律性、保護者の教育に対する意見表明を保障し、各主体のパートナーシップ的関係のもとで学校づくりが進められるような制度的な根拠が設けられているといえる（安 2020)。

そのほか、学校自治条例の制定の動きがある自治体、または児童・生徒自治条例（ソウル市、忠清南道、釜山市）や保護者自治条例（ソウル市、釜山市、仁川市、光州市、世宗市、京畿道、全羅北道、全羅南道、済州道）が施行されている自治体、児童・生徒人権条例（京畿道、光州市、ソウル市、全羅北道、忠清南道、済州道）を通して児童・生徒の参加と意見表明の保障をしている自治体等が存在している。

学校自治を強化するための施策として校長公募制、学校基本運営費の拡大、教師の専門学習コミュニティ策、学校主導の評価および監査などが挙げられ、学校現場で定着されつつある（ホン・ソブグン 2020)。

韓国の教育関連法において学校自治に関する直接的な規定はないため、学校自治に関する施策の策定や推進においては地域差が表れているといえる。また学校自治に対し否定的な認識を持っている教師も多い（ホン・ソブグン 2020）。地域別推進状況を踏まえ、学校自治を規制する上位法の整備や議論がもっと求められている。

学校自治において、児童・生徒が主体として位置づけられ参加の促進が制度的に保障されているかどうかは重要である。上記のように参加を保障する制度的根拠を設けている自治体もあるが、参加の領域や権限が制限されている自治体や学校もあり、児童・生徒自治の状況は地域や学校ごとの差が大きい。

国家教育課程上の位置づけや初中等教育法等によって児童会、生徒会は全国の学校に設置され、ほとんどの学校において自律的な自治活動の目的として規定されている。しかし、自治組織としての具体的な法的根拠はないまま校長の権限、裁量に委任されている現状である。児童会や生徒会が権限をもつ意思決定の機関であるか、または教育活動の一環であるかは、校長の捉え方に左右されやすい。また、トップダウン式の意思決定構造を持っている学校組織では生徒の意見が反映されにくく名目的かつ形式的になりがちである。

児童・生徒自治の活性化のため、京畿道内の全学校と学校自治モデル校やオルタナティブスクールを対象に調査研究を行い、学校文化の形成要因を考察したジョ・ユンジョン（2014）の研究は、学校自治に大きな示唆を与えるものである。

その研究では、アンケート調査、面談、参加観察を通して自治有効要因を深層的要因（学校の教育目標や教育哲学、児童生徒観、学校構成員間の関係等）と表層的要因（制度的な支援）に区分している。そして、その二つの要因が重なり合って児童・生徒会が活性化されている学校の特徴を整理している。その特徴として、①学校の教育目標に学校コミュニティが志向する観点が反映されていること、②生徒を同等の主体として捉えるだけではなく、一緒に学び、成長し、さらに教師を成長させる存在として認識していること、③校長と教師の関係と教師と生徒の関係も水平的かつ民主的であること、④校長と教師が意思決定過程で１人１票の権利を持って行使していることが挙げられている。

そして、上記の特徴が学校文化として定着されていて、学校自治の新たな仕組みにも影響を与えていると分析している。児童・生徒は、教育課程委員会を通じて教育課程の構成まで参加しており、学校の最高意思決定機関に教師と同等の権限を持って参加し、自分たちの生活に影響を与える学校の方針について意見を表明できる。またそれが生徒自治の文化として継承されているとのことである。誰もが、いつでもどこでも会を作り学校運営に参加することができる自治の日常化が学校文化として表れていることも示されたのである。

以上のように児童・生徒自治会が、民主的な意思決定や計画立案が行われるような制度整備が進められ、学校の自治組織として機能できる仕組みづくりについての議論や実践が蓄積されてきていることは確かである。さらに児童・生徒自治活動を学校の教育課程全般に位置づけ、また学校のあらゆる場面において自治の日常化を目指していることは、児童・生徒自治の質を高め民主的な学校づくりへ進展させる可能性が高まっていることを意味しているといえる。

コロナ禍の児童・生徒と教育

昨年、学校現場は新型コロナウイルスの感染状況によって、開校延期、オンライン開校、遠隔授業や分散登校、学校のコロナ感染防止対策、緊急ケア教室などの対策で対応してきた。こうした状況が子どもや教育に及ぼす影響やその実態に関する調査研究が多く出されている。

家庭の経済的背景による情報通信機器の保有、私教育への参加有無、保護者の学習支援の格差は、児童・生徒のデジタルリテラシー、遠隔授業の適応と参加度、自己主導型学習能力等に影響を与えること（イ・ジョンヨン 2020)、社会的・教育的に不利な状況に置かれた児童・生徒や小学校低学年を中心に健康と発達面で問題を生じている（キム・ギョンエ 2020）ことが分析されている。また、デジタル活動の経験が足りない小学生が非対面の学習状況でより大きな困難を経験しており、都市部と農村部のデジタル格差も確認されている（キム・ジャヨン 2020)。

家庭背景等による教育格差は以前から問題ではあるが、オンライン開校や遠隔授業が続く状況は格差の問題をより鮮明にしているといえる。児童生徒の学びや成長を支える場としての学校がうまく機能しない状況が生じる中、家庭の支援力により脆弱な立場の児童・生徒の不利さがさらに深刻になっていることやその範囲が広くなっていることを示している。

遠隔授業の実態についてリアルタイム双方向授業の活用よりはコンテンツ活用中心の授業、個別指導やフィードバックを行うことができていない状況が指摘され、学習動機、相互コミュニケーション、フィードバックを補完する方法の模索、適切な評価方法の用意、教育マイノリティ対する公的支援と配慮策が必要であること（キム・ヒサム 2020）が提議された。

教育格差の是正や教育における公正性の確保の課題に続き、コロナ状況で浮き彫りになった学校教育自体の問題、限界、意味についての検討や分析も行われている。教育部からはオンライン開校、遠隔授業へ転換を決め、新しい未来教育システムを用意するために産業界、関係機関、学界の専門家、教師、児童・生徒などが参加する「韓国型遠隔教育政策諮問団」を構成し、「創意的で自己主導的な人材を育てる未来教育への大転換への第一歩になる遠隔教育システムを用意」すると発表し、自治体の教育庁（教育委員会に当たる）からも「安定的で体系的な遠隔教育」ができる学校支援策が推進された。

しかし、標準化された教育課程や入試中心の現在の学校教育は、授業日数を確保し入試スケジュールに合わせるための場当たりな対処に汲々し、「知識を伝えその結果を測定し序列を付けられ、その序列に応じて社会に配置する機関に過ぎない（ベク・ビョンブ 2020））」という限界が露呈されたといえる。

こうした中での学校教育の実態について現場の教師からは、「教育課程自体がそもそもオンライン方式を作られておらずオンラインでの実施が困難（イ・チュンイル 2020）、オンライン授業について未来教育を語りながらも最も前近代的な出欠システムを適用する形態の教育（ジョ・ヨンソン 2020）、技術で包装された資本による遠隔教育が学校教育を掌握する（イ・ヒョンエ 2020）」と、報告された。

以上の教育や子どもの実態を踏まえ今までの生活や教育のあり方への転換が求められている中、ゾ・ユンジョン（2020）は、コロナウイルス危機より、我々が望む教育のあり方は何か、人間を取り巻く自然と環境、生態系とどのような関係を結べばいいか、オンライン世界とオフライン世界で市民として生きるために必要なことは何か、との３つの質問が投げられたと整理した。その質問を中心に学校教育の方向について考察し、学習戦略の案内人、学びと生活を接続する専門家、個別のフィードバックを提供する評価の専門家、デジタルメディアリテラシーを備えた教師、持続可能な社会への実践家等の教師専門性が求められていると整理した。

また、イ・ヘジョン（2020）の研究では、コロナ危機状況において学校は、児童・生徒の健康と安全のための感染防止（防疫）に重点を置きながらも同時に定められた教育課程の履修と評価を行うべきという二重のプレッシャーに迫られたと指摘し、すべての児童・生徒に意味のある学びができる機会と方法を提供するという既存の学習福祉の概念に不平等、憎悪・差別が止揚された安全な学び場として学校の必要性を含む学習福祉再概念化が必要であると提示した。選別的な福祉から教育の公共性を強化し民主的でかつ平等なケアの共同体となる学校を提案しているのである。

最後に、学校自治の視点から実態と課題を分析した研究報告を取り上げていきたい。パク・ミヒ（2020）は、緊急事態の状況下で学校の意思決定の過程と対応を分析し学校の共同体がどう動いたかを批判的に考察している。

コロナ感染が広がりを見せた2020年２月、教育部はマスコミを通じて一方的に開校延期を通知し、その後のオンライン開校や遠隔授業を導入する過程においても各地域や学校の状況や特性は考慮せず、全国同様の指針で対応してきた。結果的にコロナ危機状況は学校がまだ官僚主義で垂直ガバナンスの中で制約を受けていること、許容範囲内での裁量・自律という限界が明らかにされたのである。教師、児童・生徒、保護者の民主的な意思決定の経験がまだ浅く未熟である学校現場では学校共同体の責任による決定よりは、学校自律的な権限の事項まで教育部の指針に従う以前の慣行になっていた状況（パク・ミヒ 2020）が多くみられた。

今までの学校自治を実現するための政策と制度整備の推進は、教師間のコミュニケーションと協力が活性化された姿で現れたが、まだ学校運営において児童・生徒会、保護者会の実質的な権限が弱い、とりわけ児童・生徒の意見を反映する制度不備の限界が明らかになった（パク・ミヒ 2020）。したがって危機状況において、児童・生徒の声は疎外、排除されやすく、主体として自分の生活の課題に積極的に向き合い解決していくような児童・生徒自治の実現が難しいといえる。

コロナ感染状況が収まりつつある現在、学校現場は安定的に機能し始めている。全国の学校を画一的に管理することも不可能になり学校の裁量権は拡大されている状況である（ホン・ソブグン 2020）。また、学校の民主的運営のための学校自治条例の制定の動きも現れている（ハンギョレ新聞2020年９月21日記事）。

教育における民主主義の実践と教育公共性の確保、未来教育の効果的な実現の方案として今後も学校自治が進められることが予想される（キム・ションチョン 2019）中、学校自治の実現を目指す今後の課題として、学校のすべての構成員が「実質的」に参加し意思を決定するとともに、その実践の結果に対する公的責任を強化する方向への制度整備が求められる。そのためにも学校の日常において、相互主体的な関係性が形成され、その平等性が実感できる経験を蓄積していくことが重要であるし、さらにコミュニティに対する構成員の省察が常に要請されるといえる。

コロナパンデミックにより大きく変容する世界が予想され、社会または人々の生活様式等において転換期を迎えていると言われている。日本においても同様な状況の中、コロナ感染状況が長引き子どもや教育現場に様々な影響が生じており、どのように乗り越えていくべきか議論されている。学校においては危機の状況で露呈された課題に向き合い、児童生徒・教師・保護者・地域コミュニティと協力しながら解決していくこと、その中で相互のエンパワーメントを高めながらより良いコミュニティを作りつづけることが今後一層重要になると考えられる。こうした中で教育への参加の実質的な保障や学校自治の実現に向けての制度的な整備が進められ、その実践と研究が蓄積されつつある韓国の動向は先行事例として意義あるものといえる。

注

（1）日本国内において近年の韓国の教育や教育政策を対象にした研究は以下を参照ください。教育自治に関しては小島（2003）「韓国における教育改革——自律的学校運営と教育自治」、民主市民教育の展開を取り上げている尹（2012）「韓国における民主市民教育の理論と実践：選挙管理委員会の役割」と厳（2017）「韓国の革新学校における生徒参加実践の性格分析」、教育福祉の政策推進に関しては、金（2019）「韓国における「優先教育地域政策」の特質——「教育福祉優先支援事業」がもたらした学校現場の変化」。

引用・参考文献

（日本）

・オードリー・オスラー他著、藤原孝章他訳（2018）『教師と人権教育——公正、多様性、グローバルな連帯のために』明石書店

・マイケル・W. アップル他著、澤田稔訳（2013）『デモクラティック・スクール——力のある学校教育とは何か』ぎょうせい

・安ウンギョン（2020）「韓国における学校自治条例制定の動向」『子どもの権利研究』第31号、pp.146-153.

・厳アルム（2017）「韓国の革新学校における生徒参加実践の性格分析」『東京大学大学院教育学研究科紀要』57、pp.451-463.

・金美連（2019）「韓国における「優先教育地域政策」の特質――「教育福祉優先支援事業」がもたらした学校現場の変化」『比較教育学研究』58、pp.48-68.
・小島優生（2003）「韓国における教育改革――自律的学校運営と教育自治」『東京大学大学院教育学研究科教育行政学研究室紀』第22号、pp.65-72.
・尹敬勲ほか（2012）「韓国における民主市民教育の理論と実践――選挙管理委員会の役割」『流通経済大学論集』47（3）、pp.201-210.
（韓国）
・イ・ジョンヨンほか（2020）『コロナ19と教育：学校構成員の生活と認識を中心に』京畿道教育研究院
・イ・チュンイルほか（2020）「オンライン授業が教育に投げる質問」『ミンドゥルレ』130号、pp.6-18.
・イ・デションほか（2020）『民主学校とはなにか』教育と実践
・イ・ヒョンエほか（2020）「コロナ19が呼び出した労働と身体、そして教育」『今日の教育』５・６月号、pp.74-88.
・イ・ヘジョンほか（2020）『コロナ19と教育：学習福祉の再概念化』京畿道教育研究院
・学校市民教育全国ネットワーク（2020）『学校で始める民主市民教育』ヘネムエデュ
・ガン・テジュン（2020）「改めて確認する私たちの学校教育の肖像」『オンライン教育ジャーナル教育らしく』
（http://blog.naver.com/PostView.nhn?blogId = gyobasa21&logNo =221997057637　2021年２月27日閲覧）
・キム・ギョンエ（2020）『コロナ19拡散時期、不利な児童・生徒の経験についての質的研究』京畿道教育研究院
・キム・ジャヨンほか（2020）『コロナ19と未来核心力量：デジタルリテラシー、自己主導型学習能力、協業能力を中心に』京畿道教育研究院
・キム・ジンウ（2020）「コロナ時代、ある教師の応戦日記」『生活の技術』８号、pp.90-100.
・キム・ションチョン（2019）『学校自治２』テクビル教育
・キム・ヒサム（2020）「遠隔教育の状況での基礎学力保障と教育格差の緩和方案」『イッシューペーパー５号』教育政策ネットワーク
・キム・ヒョクドン（2018）『地方分権化時代の単位学校自治の具現案』京畿道教育研究院教育部（2017）、第２次教育自治政策協議会
https://www.moe.go.kr/boardCnts/view.do?boardID =294&boardSeq =72866&lev =0&m =0204（2021年２月27日閲覧）
・グォン・スンジョン（2020）『コロナ19以降の教育の課題：再照明される格差と不平等、そして学校の役割』ソウル特別市教育庁教育研究情報院教育政

策研究所
・ゲ・ボギョン（2020）『COVID-19による初中等学校の遠隔教育の経験および認識分析：基礎統計の結果を中心に』韓国学術情報院
・ジョ・サンシク（2020）『熟議民主主義の観点からの学校自治と学校民主主義の理解』韓国教育開発院
・ジョ・ユンジョン（2014）『京畿道における児童・生徒自治の実態と活性化のための研究』京畿道教育研究院
・ジョ・ヨンソン（2020）「コロナ19と入試、何がもっと強いか？」『今日の教育』５・６月号、pp.35-47.
・ゾ・ユンジョンほか（2020）『コロナ19と教育：教師の専門性に与える示唆』京畿道教育研究院
・パク・ナムギ（2020）「感染病危機の状況においての教育主体別の対応方案」『イッシューペーパー３号』教育政策ネットワーク
・パク・ボクソン（2020）「災難を良い生の機会に」『生活の技術』８号、4-5項
・パク・ミヒ（2020）ほか『コロナ19と教育：学校自治に与える示唆』京畿道教育研究院
・ハン・ウンジョンほか（2019）『地方教育自治力量強化の方案研究』韓国教育開発院
・ベク・ビョンブ（2019）『学校民主主義の概念と実行条件の研究』京畿道教育研究院
・ベク・ビョンブ（2020）『コロナ19と教育：教育体制の転換に与える示唆』京畿道教育研究院
・ホン・ソブグン（2020）『教育自治時代の学校自治の成果と課題』京畿道教育研究院
・ハンギョレ新聞記事（2020年９月21日）、「「コロナ時代」学校民主化のための学校の自治条例制定活発」
（http://www.hani.co.kr/arti/area/chungcheong/962978.html#csidxe0b5e23f1daf9bdba235778b4e4fe96　2021年２月28日閲覧）

（東洋大学）

［内外の教育政策動向 2020］

政府・文部科学省・中央諸団体の教育政策動向

柴田　聡史

はじめに

本稿は、2020年における政府・文部科学省・中央諸団体の教育政策動向を概観するものである。

2020年は、２月中旬以降の新型コロナウイルス感染症の国内での感染拡大により、教育政策もその対応が求められることとなった。とりわけ、３月からの学校の一斉臨時休業は全国の教育委員会や学校現場、子どもや保護者に大きな影響をもたらした。その後も、緊急事態宣言の発出や延長に伴う休業の長期化、学校再開に向けた感染症対策、休業期間および学校再開後の学習の保障など、教育政策はその対応に終始せざるを得なかったと言えよう。

したがって本稿では、新型コロナウイルス感染症への政府・文部科学省の対応を中心に、「全国一斉の臨時休業の実施と学校再開」「休業期間中および再開後の学びの保障」「大学等への対応と学生支援」について、それぞれ概ね時系列に沿って整理を行うとともに、「その他の主要な政策動向」についても概観する。

１．全国一斉の臨時休業の実施と学校再開

（１）全国一斉の臨時休業

新型コロナウイルス感染症の感染拡大が懸念される中、２月27日、安倍内閣総理大臣（当時）は、子どもたちの健康や安全を第一に考え、感染リスクにあらかじめ備えるとして、全国すべての小学校、中学校、高等学校、特別支援学校について、３月２日から春休み期間中までの臨時休業を要請する考えを表明した。これを受けて文部科学省は翌28日に、「新型コロナウイルス感染症対策のための小学校、中学校、高等学校及び特別支援学校における一斉臨時休業について（通知）」を発出し、一部地域を除いた全国の学校が３月２日から順次

臨時休業に入ることとなった。

政府は4月7日に新型インフルエンザ等対策特別措置法（特措法）に基づき、埼玉、千葉、東京、神奈川、大阪、兵庫、福岡の7都府県を対象とする緊急事態宣言を発出した。これにより当該地域では5月6日までの臨時休業期間の延長が行われた。4月16日に緊急事態宣言の対象地域が全国に拡大したことにより、臨時休業期間は長期化することとなった。文部科学省の調査によれば、4月22日時点において、全国の国公私立学校の94％が臨時休業を実施又は決定していた(1)。さらに、政府は5月6日までとしていた緊急事態宣言を5月31日まで延長することとした。その後、5月14日には北海道、埼玉、千葉、東京、神奈川、京都、大阪、兵庫の8都道府県を除く39県について緊急事態宣言が解除されて、5月25日には全国の緊急事態宣言が解除されることとなった。6月1日には全国の国公私立学校の98％が学校を再開することとなったが(2)、この間の臨時休業の延長／学校の再開とその方法については、都道府県あるいは市町村により対応が分かれることとなった。

（2）学校の再開に向けた対応

臨時休業要請の期間中の3月24日に文部科学省は、新学期からの学校の再開に向けた具体的な方針を示すため、学校再開および臨時休業に関するガイドラインが公表された。「新型コロナウイルス感染症に対応した学校再開ガイドライン」では、登校時の検温の義務づけや集団感染のリスクへの対応方法などが示された。一方、「新型コロナウイルス感染症に対応した臨時休業の実施に関するガイドライン」では、再開後に児童生徒や教職員の感染などが確認された場合に備え、出席停止や臨時休校の判断基準が示された。さらに4月17日の改訂版では、特措法に基づく知事からの要請があった場合には、学校設置者はその要請に従うことが追記された。

さらに、文部科学省は5月22日、「学校における新型コロナウイルス感染症に関する衛生管理マニュアル～「学校の新しい生活様式」」の通知を行った(3)。主な内容は、手洗い、マスク、咳エチケットなどの基本的な感染症対策や感染リスクが高い3つの条件「3密（密閉・密集・密接）」が同時に重なることの回避、学校医や学校薬剤師と連携した保健管理体制の構築、体調不良者への対応計画、連絡体制の確認と整備、感染症を正しく理解するための指導と差別・いじめ等への配慮や注意喚起、家庭と連携した健康観察の徹底であった。

2．休業期間中及び再開後の学びの保障について

（1）休業期間中の学びの保障について

休業期間の長期化に伴い、子どもの学びをいかに保障するかが課題となる中で、4月10日には「新型コロナウイルス感染症対策のための臨時休業等に伴い学校に登校できない児童生徒の学習指導について（通知）」が出された。各学校が家庭学習を課すこと、電話の活用等を通じた学習指導や学習状況の把握に努めること、学校再開後において徹底した補充授業や補習などの措置を可能な限り講じることなどの基本的な考え方が示された。

5月15日には、「新型コロナウイルス感染症の影響を踏まえた学校教育活動等の実施における「学びの保障」の方向性等について（通知）」において、影響の長期化が予想される中で感染症対策と学びの保障との両立を図るための基本的な考え方と取組の方向性を示した。登校日の設定や分散登校の実施、時間割編成の工夫、長期休業期間の短縮等の様々な工夫により、学校における教育活動の充実が重要であることを示すとともに、年度当初予定していた内容の指導を終えることが困難である場合の特例的な対応として、次年度以降を見通した教育課程編成および学校の授業における学習活動の重点化が示された。

（2）学校再開後の学校運営について

緊急事態宣言の解除に伴い段階的な学校再開が進む中、文部科学省は6月5日「新型コロナウイルス感染症に対応した持続的な学校運営のためのガイドライン」を公開した(4)。同ガイドラインは学校における感染およびその拡大のリスクを可能な限り低減したうえで学校運営を継続していくための指針を示したものである。学校での感染症対策の考え方、感染者が発生した場合や児童生徒の出席に関する対応、臨時休業の実施、学習指導などについて定めている。

児童生徒の出席に関する対応については、保護者から感染が不安で休ませたいと相談のあった児童生徒については指導要録上「出席停止・忌引等の日数」として記録し、欠席としないなどの柔軟な取扱いも可能とした。学習指導については、教科書やオンライン指導などを組み合わせた家庭学習を課すことや、登校日の設定、家庭訪問、電話やメールを活用した学習指導や学習状況の把握の必要があるとした。このほか、学校給食の実施や部活動、教職員の勤務、授業料や修学支援などの取扱い、学校再開後における児童生徒の心身の状況の把握、心のケアなどについても触れている。

（3）学校再開後の学びの保障について

臨時休業の要請以降、文部科学省は上述のように様々な通知を出してきたが、６月５日にはこれまでの通知内容等を踏まえて「新型コロナウイルス感染症に対応した子供たちの「学びの保障」総合対策パッケージ」を取りまとめた。同パッケージは、①家庭学習と教師によるきめ細かな指導・状況把握により、子どもたちの学習の継続等を徹底すること、②分散登校の積極的な活用などによる学校での学びを再開すること、③時間割編成の工夫、長期休業期間の見直し、土曜日の活用、学校行事の重点化などのあらゆる手段を用いて学習の遅れを取り戻すこと、④教育課程の見直しやICT環境整備などを含めて学びを最大限に確保することの４つを基本的な考え方としている。

まず、「効果的な学習保障のための学習指導の考え方の明確化」が示され、次年度以降を見通した教育課程編成や学校の授業における学習活動の重点化などが盛り込まれた。最終学年（小６・中３・高３）については優先的な分散登校などを活用して遅れを取り戻すこと、最終学年前の学年については2021年度を含めた２年間、それ以外の学年については2021年度と2022年度を含めた３年間を見通した教育課程の編成により学習の遅れを取り戻すことが可能であるとしている。

さらに「国全体の学習保障に必要な人的・物的支援」として教員の加配や学習指導員などの追加配置といった人的体制の整備と感染症対策や学習保障に係る支援経費の措置が示された。また、「GIGAスクール構想」の加速によるICT端末を活用した家庭学習環境の整備や、教員免許状更新講習の受講猶予や学校向けの調査の見送りなどの教師が「学びの保障」に集中する環境整備、学習支援の情報提供など、総合的な対策が示された。

３．大学等への対応と学生支援

（1）学生の学修機会の確保

一斉臨時休業の対象ではなかったものの、大学等の高等教育機関への対応も行われた。３月24日には、「令和２年度における大学等の授業の開始等について（通知）」を発出し、感染拡大防止措置の実施や学事日程の編成等に関する留意事項を示した。例えば、単位認定や課程修了の認定又は学位の授与に関し、補講・追試の実施やレポートの活用による学修評価等を通じて弾力的に対処することで学生に不利益が生じないように配慮することが要請された。また、授業期間や授業計画の変更を弾力的に行うことが可能であること、遠隔授業の活用などにより学修機会を確保することなどが示されている。特に、遠隔授業を実施する場合の単位の取扱いが明確化されるとともに、対面授業を遠隔授業等に代える場合の取扱い等について弾力的な運用ができるよう特例的な基準が設けられるなど、大学等における遠隔授業による学習機会の確保が推進された。

その後、後学期を迎える９月15日には、「大学等における本年度後期等の授業の実施と新型コロナウイルス感染症の感染防止対策について（周知)」では、感染対策を講じた上で、面接授業の実施が適切と判断されるものについては、面接授業の実施を検討することや学生の交流機会の設定などが求められた。

（２）学生支援

一方で、新型コロナウイルス感染症の影響による世帯収入やアルバイト収入の減少等は学生生活に大きな影響を及ぼしている。４月に開始した高等教育の修学支援新制度および貸与型奨学金で対応を行った他、５月19日には学生支援緊急給付金給付事業（「学びの継続」のための『学生支援緊急給付金』）の創設によりアルバイト収入により学費をまかなっている学生への支援を実施した。

５月29日には「新型コロナウイルス感染症に係る影響を受けた学生等への経済的支援等に関する「学生の“学びの支援”緊急パッケージ」として、様々な支援策をまとめて公表するとともに、各大学に対しては経済的に困難な学生への配慮や相談窓口の一本化などのきめ細かな対応を要請している。

４．その他の政策動向について

（１）「GIGA スクール構想」の前倒し

新型コロナウイルス感染症への対応をきっかけに、これまで議論されてきた政策課題の検討が加速することとなった。その一つが、全国の小中学校の児童生徒全員への「１人１台端末」と「高速大容量通信ネットワーク」の整備を掲げた「GIGA スクール構想」の前倒しである。当初2023年度までの整備予定だったが、休業期間において浮き彫りになったICT 環境の整備の遅れと遠隔教育への対応の必要性から、４月７日に閣議決定された「新型コロナウイルス感染症緊急経済対策」において、2020年度内での整備完了を目指し、2,292億円の補正予算が計上された。端末整備とネットワーク整備に加え、家庭でのオンライン学習の整備が盛り込まれた。

（2）少人数学級の実現にむけた検討の開始

少人数学級の実現に向けた議論も進むこととなった。学校での感染防止の観点から学級規模の縮小が要望される中で、９月８日行われた教育再生実行会議の初等中等教育ワーキング・グループでは、「新しい生活様式」を踏まえた少人数によるきめ細かな指導体制や環境整備が議論された。

文部科学省も、次年度の予算編成に際して、学校内での「３密」回避などの感染対策や１人１台端末の配備を背景に、中学校も含めた30人以下への引き下げを求めた。財務省は反対の姿勢を示していたが、12月17日に大臣間の協議により、公立義務教育諸学校の学級編制および教職員定数の標準に関する法律（義務教育標準法）を改正し、小学校の全学年で１学級あたりの児童数を40人から35人に引き下げ、必要な教員を配置することが合意された(5)。

（3）新しい時代の初等中等教育の在り方

10月７日、中央教育審議会初等中等分科会は「『令和の日本型学校教育』の構築を目指して（中間まとめ）」をとりまとめた。2019年４月の文部科学大臣からの諮問を受け初等中等教育分科会に「新しい時代の初等中等教育の在り方特別部会」を設置し議論を進めてきたものである(6)。

前年からの議論に加えて、新型コロナウイルスの感染拡大も踏まえた内容となっており、特に、臨時休業によって再認識された学校の役割（学習機会と学力の保障、全人的な発達・成長の保障、身体的・精神的な健康の保障）や様々な課題を踏まえ、2020年代を通じて実現すべき「令和の日本型学校教育」の姿として「個別最適な学び（「指導の個別化」と「学習の個性化」）と「協働的な学び」を往還する学びの在り方を提示している。その上で、「学校教育の質と多様性、包摂性を高め、教育の機会均等を実現する」「これまでの実践とICTとの最適な組み合わせを実現する」「感染症や災害の発生等を乗り越えて学びを保障する」といった６つの改革の方向性が示されるとともに、幼児教育から義務教育、高校教育、特別支援教育、ICT 活用や外国人児童生徒への支援など、多岐にわたって具体的な方策が盛り込まれており、答申の取りまとめ以降の展開が注目される。

おわりに

本稿では、新型コロナウイルス感染症への対応を中心とした主な教育政策について概観してきた。感染の拡大に伴う対応は多岐に渡っており、ここで取り上げたものは主要なものに限られている。また、本稿執筆中の2021年２月時点においても一部地域に緊急事態宣言が出されているなど、その対応が続いている状況である。

新型コロナウイルス感染症の拡大は様々な政策上の課題を顕在化させることとなった。例えば、全国一斉の臨時休業の実施においては、国と地方、都道府県と市町村との関係などが改めて問われた。また、ICT 環境の整備の遅れといった課題が顕在化するとともに、本稿では取り上げなかったが、「９月入学」が一時議論されるなど、これからの教育の在り方をめぐる議論や抜本的な改革を加速する契機となった一年と言える。

註

（1）文部科学省「新型コロナウイルス感染症対策のための学校における臨時休業の実施状況について」https://www.mext.go.jp/content/20200424-mxt_kouhou01-000006590_1.pdf（2021年２月28日最終確認）

（2）文部科学省「新型コロナウイルス感染症に関する学校の再開状況について」https://www.mext.go.jp/content/20200603-mxt_kouhou01-000004520_4.pdf（2021年２月28日最終確認）

（3）同マニュアルは新型コロナウイルス感染症に関する最新の知見等を踏まえて改訂され、2020年12月３日に改訂版（Ver.5）が出されている。

（4）時限的な記載などを修正した改訂版が2021年２月19日に出されている。

（5）2021年２月２日、公立小学校の１学級当たりの上限人数を35人とする義務教育標準法改正案が閣議決定された。

（6）なお、１月26日に中央教育審議会にて答申が取りまとめられた。

参考資料

・時事通信社『内外教育』2020年１月～12月

・中央教育審議会初等中等分科会「『令和の日本型学校教育』の構築を目指して～すべての子どもたちの可能性を引き出す、個別最適な学びと、協働的な学びの実現～（中間まとめ）」https://www.mext.go.jp/content/20201007-mxt_syoto02-000010320_2.pdf（2021年２月28日最終確認）

・文部科学省ホームページ「新型コロナウイルスに関連した感染症対策に関する対応について」https://www.mext.go.jp/a_menu/coronavirus/index.html（2021年２月28日最終確認）

※なお、本稿で取り上げた各種通知等はすべて上記ページにて確認した。

（琉球大学）

［内外の教育政策動向 2020］

地方自治体の教育政策動向

松田　香南

はじめに

本稿の目的は、2020年の地方自治体の教育政策動向について概観することである。具体的には、2020年はじめに活発な進展が見られた、①「教員の働き方改革」とGIGA スクール構想をめぐるトピックを整理したうえで、2020年を象徴する社会問題となった、②新型コロナウィルス感染症の対応策について、地方自治体の政策を確認していく。その際、各自治体のコロナ対応策を、（1）学校の臨時休業に伴うICT 教育の拡充、（2）臨時休業解除後の感染拡大防止策、（3）子どもと家庭に対する生活支援、の３方針に分けて見ていく。なお、本稿の執筆にあたっては、基本的に『内外教育』（時事通信社）2020年分（1－12月）の記事を参照し、必要に応じて、新聞記事や文部科学省（以下、文科省）および地方自治体の行政資料等で補足しながら、整理を行うこととする(1)。

1．「教員の働き方改革」とGIGA スクール構想の進展

（1）ICT 活用による「教員の働き方改革」

「教員の働き方改革」は、本誌で横関（2018）、山沢（2019）、佐久間（2020）が示してきたように、2017年以降、地方自治体において様々な取り組みがなされてきた。近年では、学校におけるICT 導入の広がりから、ICT を活用した「教員の働き方改革」が拡大している。例えば、熊本県では、教員の勤務実態把握のため、県立学校にタイムレコーダーが導入され（1月7日）、福島県では、全県立学校でICT を活用した勤怠管理システムが導入されている(2)。しかし、タイムレコーダーの改ざんが問題となった自治体も出てきており（『読売新聞』2020年9月9日東京朝刊）、教員の勤務実態として、勤務の時間を数値的に管理することの困難さと、その形骸化の可能性が指摘される。

ICT を活用した「教員の働き方改革」は、勤怠管理だけでなく、学校現場の様々な場面で導入されている。例えば、2020年３月時点で、児童生徒の出席状況や通知表、健康診断結果などを一括管理する統合型校務管理システムの整備が、全国公立学校の64.8％で進められている[(3)]。また、自治体によっては、2020年時点において、テストの採点・分析、学校徴収金や公立高校入試出願の管理、教員研修の受講・管理などをウェブ上で行うシステム、さらに、指導案や演習問題、授業アイディアやマニュアルを総合的にクラウドへ格納するシステム等が導入されている（２月４日、３月17・27日、４月７・10日、６月12日）[(4)]。このように、「教員の働き方改革」の過程で、教員の事務作業から学習指導、研修に至るまで、あらゆる業務の ICT 化が広がってきていることがわかる。

（２）GIGA スクール構想と ICT 教育の導入

学校教育への ICT 導入は、教員の業務だけでなく児童生徒の学習活動においても、積極的に進められてきた。文科省は2019年12月、GIGA スクール構想[(5)]として、2023年度までの「１人１台端末整備」など積極的な ICT 導入を打ち出し、同時に、2020年度の新学習指導要領全面実施によって、小学校などでのプログラミング教育を必修化した。この GIGA スクール構想やプログラミング教育の影響で、学校教育の ICT 化へ向けた環境整備が急速に進展してきている。

例えば愛知県岡崎市では、「岡崎版 GIGA スクール構想」として、市立小中学生１人１台貸与可能なタブレットを配備している（９月４日)。茨城県や富山県、滋賀県など、学校種や学年ごとで段階的に配備する自治体や、デジタル教科書導入の方針を示す自治体も見られる（４月21日、３月17日）[(6)]。さらに、岡山県や山形市など、教員に１人１台の ICT 端末を支給する自治体（７月７日、３月３日）もあり、タブレットなど ICT 端末の配備は、各自治体で着実に進んでいる。その他、2020年３月時点で、全国公立学校のうち48.9％が無線 LAN を整備、60％が教室にプロジェクターなど大型提示装置を設置しており、このような ICT 機器・設備の整備以外では、全都道府県で教員への ICT 活用研修が実施されている[(7)]。また、山形市など、ICT 支援員を配置する自治体もある（３月３日)。

このように、国の GIGA スクール構想を受け、全国で ICT の環境整備として、タブレットや無線 LAN など機器・設備のハード面、研修や支援員などのソフト面、両方の整備が広がってきた。そして、整備されたICT環境を実際に活用するICT教育の取り組みにも、様々な展開が見られる。

例えば、テレビ会議システムを用いた遠隔授業の実証研究や、人工知能（AI）・ICTを活用したデジタル教材「EdTech」の試験導入が、全国各地で進められている[(8)]。また、東京都では、生徒の私用のICT端末を授業で活用する「ブリング・ユア・オウン・デバイス」（以下、BYOD）が試験導入されている（４月３日）。プログラミング教育の対応として、山形市では、プログラミング教育の授業研究が進められており（３月３日）、滋賀県では、無料通話アプリ大手LINEとの提携が結ばれ（『日経産業新聞』2020年１月14日）、教員への研修や教材開発の支援、高校生への問題配信等を行うとしている（１月28日）。

このように、2020年のはじめは、GIGAスクール構想やプログラミング教育必修化に対応する、ICT教育の取り組みが試行される段階にあったが、これまでICTの参入が進行しなかった学校教育での取り組みとなるため、自治体によっては民間企業のサービスを取り入れながらの、模索的な対応となっていた。

２．新型コロナウィルス感染症対応策

（１）学校の臨時休業に伴うICT教育の拡充

2020年は、新型コロナウィルス感染症の拡大が人々の生活を大きく変え、学校教育も多大な影響を受けた年であった。日本国内では、２月以降の感染拡大状況を受け、２月27日に安倍晋三前首相が、全国の小中高校・特別支援学校に対する臨時休業を要請した[(9)]。この要請により、全国の公立小中高校の８割近くが、春休みまで休業することとした（３月24日）。さらに、政府は、新型コロナウィルス感染症の流行と学校の臨時休業を契機として、GIGAスクール構想の完成を2023年度から2020年度に前倒しし、各自治体による学校現場への早急なタブレット導入を求めた（６月５日）。そして実際、各学校へのタブレット配備や、必要とする児童生徒へのタブレット・Wi-Fiルーター等の貸し出しが多くの自治体で実施され、その上で、遠隔授業や学習動画・教材の配信等、様々な対応がとられることとなった（６月26日、７月３・31日、９月18日）。

具体例として、茨城県では、GIGAスクール構想の国庫補助を活用して、2020年度中に、全小中学校へのタブレット配備と高校でのBYODを進め、同時に、主要５教科のコンテンツ4000本を動画投稿サイトYouTubeで配信す

るとした（10月13日）。茨城県のように、教育委員会や教員が、独自に授業動画の作成・配信を行った自治体は複数見られる[(10)]。しかし、オンライン学習が作成者の動画作成スキルに左右されること等を課題として、民間企業のオンライン学習サービスと契約し、児童生徒に活用を促す自治体も出てきた（『朝日新聞』2020年５月12日朝刊）。例えば、株式会社リクルートマーケティングパートナーズの「スタディサプリ」は、愛知県など多くの自治体で導入が広がり、自治体を通じて会員登録した利用者は40万人以上にのぼったとされる（『朝日新聞』2021年２月10日朝刊）。しかし、会員登録をしても、学力の低い生徒や家庭学習の習慣がない生徒等の利用が進まないことや、教員からすると、休校分の授業の対応に追われ、その他学習サービスを利用する余裕がないことなど、実際の運用上の問題が指摘されている（『朝日新聞』2021年２月10日朝刊）。

加えて、ICT 教育で活用する情報通信機器は、定期的なメンテナンスや買い替えが必要となるにも拘らず、現段階では継続的な国庫補助は示されておらず、各自治体が負担することとなっている。したがって、自治体によってその整備状況や継続可能性には大きく差が生じることが推測される。指定都市市長会の千葉市長と浜松市長が文科相に緊急要請書を提出するなど、継続的な補助を国に訴える自治体の動きがあるものの（２月14日）、それに対する国の応答は見られず、学校教育における ICT の定着については、未だ課題が残されている。

（２）臨時休業解除後の感染拡大防止策

全国の公立学校で休業が解除された６月以降は、学校における検温やマスク着用、手洗い、消毒や、「学校衛生サポーター」を配置しての校内清掃、時差・分散登校など、各自治体で基本的な感染対策が徹底された（６月12日、７月31日、10月９日など）。学校休業により遅れた授業の対応策としては、全国の９割の自治体が夏休みを短縮した（７月28日）。さらには、一部自治体の首長が「９月入学」の検討を国へ要請し（６月30日）、２学期制導入を検討するなど（５月22日、９月１日）、授業時間数の確保のために、各自治体は大騒ぎであった。その他、多くの自治体で、公立高校入試の出題範囲縮小（６月30日など）や、卒業式や運動会、修学旅行などの縮小・中止という対応が取られた（３月３日、５月12日、７月28日など）。これらは、学校内での感染防止やカリキュラム遂行のため、児童生徒と教職員に対して、順守・対応を求めるルール及び調整手段であり、ほとんどの自治体で見られた対応である。他方では、学校内での感染リスクや負担を軽減するための、条件整備的な政策にも展開が見られる。公共交通機関での感染リスク軽減のために、スクールバスの運行を開始する山梨県の事例（７月10日）も挙げられるが、特に注目され、全国的な進展を見せたのは、少人数学級編制の実現へ向けた取り組みであった。

例えば、愛知県みよし市は、2019年度時点で独自に、全小中12学年の35人学級を達成していたが、新型コロナウィルスの対策として、小学校の学級基準上限をさらに引き下げ、28人程度としている（『中日新聞』2020年８月27日朝刊）。青森県においても、感染症対策として、県立学校で少人数学級を編制するための教員が増員され（『朝日新聞』2020年６月11日朝刊）、岐阜県では、小学６年生と中学３年生を少人数学級に分けきめ細やかに指導するため、大規模校へ教員を追加配置するとされた（『中日新聞』2020年７月７日朝刊）。

この少人数学級実現へ向けた動きは、現在、国全体の政策へと段階を上げ、本格化している。政府は40人（小学１年生は35人）と定められる公立小中学校の学級基準を、小学校に限り、学年進行で35人に引き下げる方針とした。学級基準の一律引き下げは、約40年ぶりとなる。これは、新型コロナウィルスの感染拡大がきっかけとなり、身体的距離を取りながら子どもたちが安心して学べる環境を整えるべきとの声が、与野党や地方自治体、教育現場から上がったことで進展したものである（『毎日新聞』2020年12月17日朝刊）。全国規模の動きとしては、教育研究者らによる署名活動や記者会見が行われ（『朝日新聞』2020年７月17日夕刊）、全国知事会や全国市長会、全国町村会の３団体による文科相への緊急提言書も提出された。自治体規模では、山梨県や大阪府、広島県福山市など様々な自治体で、教育関係団体や市民団体らによる署名運動および要望書の提出を通して訴えが示されていた（『朝日新聞』2020年９月10日朝刊、『毎日新聞』2020年10月21日大阪版、『毎日新聞』2020年11月27日広島版）。

少人数学級の導入は、教員不足や、教室等ハード面での整備が必要となる点など、学級数が増えることで生じる課題も指摘される（『毎日新聞』2020年７月９日朝刊、『朝日新聞』2020年12月19日朝刊）。しかし、新型コロナウィルス感染症は、今後暫く対応が求められる問題であるために、長期的・安定的な対応を可能とする条件整備が必須であることは明白である。そのため、教員や教室の不足が、少人数学級の実施を対応不可とする理由にはならず、学級基準の引き下げについては、今後も継続的な改善策が求められるであろう(11)。

（3）子どもと家庭に対する生活支援

自治体によっては、学校など子どもの学習環境に関する政策だけでなく、子どもとその家庭の生活保障に関わる、経済的・心的な生活支援も実施されている。例えば、京都市は、学校の休業期間中であっても、家庭で子どもの面倒をみることが困難な、共働き世帯の子どもを受け入れる取り組みを行った（3月10日）。三重県や香川県、大分県など、ひとり親世帯や、新型コロナウィルスの影響で経済的負担が増えた家庭、収入減少により学習の継続が困難な学生への支援として、給付金や商品券、食事券等を配布する自治体も多く見られた（4月21日、7月14日、8月7日など）。学校休業期間中の給食費の返還は全国的に実施されたが（3月17日）、それだけでなく、大阪府東大阪市では、家計の悪化に対応して水道料金を減額し、管轄の小学校全校の給食費を無償とする対応がとられ（6月26日）、埼玉県越谷市では、希望する児童に昼食用の米飯が提供された（4月28日）。心的な支援策としては、福井県において、新型コロナウィルス感染症に伴う中高生の心のケアをするため、臨床心理士ら専門家とやり取りができるインターネット交流サイト（SNS）が立ち上げられ（7月10日）、神奈川県大和市では、保護者への相談窓口を設置し、学校休業中の子どもにまつわる不安について相談を受け付ける対応がなされた（3月10日）。このように、経済的・心的支援など生活の多様な側面にアプローチし、子どもと各家庭の生活保障に繋がる様々な支援策が、各自治体で実施されていた。

おわりに

ここまで、2020年の地方自治体における教育政策動向を概観してきた。地方自治体では継続して「教員の働き方改革」が進められ、それと同時にGIGAスクール構想やプログラミング教育が推進されることで、学校における教員の勤務から児童生徒の学習活動に至るまでICTが広く導入されていった。そして、2020年を大きく揺るがした新型コロナウィルス感染症の影響により、各自治体は感染拡大防止策に追われ、その中でICTを活用した学習支援策を緊急拡充することで、学校教育のICT化が急速に進行することとなった。

しかし、その一方、コロナ渦の自治体政策の中からは、子どもが安心して学べる環境としての少人数学級の導入や、子ども及びその家庭に対する経済的・心的支援を実施する政策が出てきた。これらは、子どもの学習権保障のための政策であり、その基盤となる生活保障のための政策である。

「教員の働き方改革」にしろ、感染拡大防止にしろ、学校教育のICT化だけで万事解決とはならず、運用上の課題も様々に表出してきている。学校や教員の負担を削減するために、一部業務のICT化も進めつつ、より根本的な問題としては、子どもの学習権や生活を守り、児童生徒や教員が安定した学校生活を送るための条件整備が、継続して最重要課題であることを忘れてはならない。

注

（1）以下『内外教育』からの引用は、出典を省略し日付のみ記述する。

（2）福島県教育委員会「教職員多忙化解消アクションプラン２」2021年２月。

（3）文部科学省「令和元年度学校における教育の情報化の実態等に関する調査結果（概要）」2020年10月、７頁。

（4）『内外教育』の当該記事では、予算・計画段階のものも含まれたが、以下の資料より実施が確認された。『産経新聞』2020年２月17日デジタル版。東京都町田市ウェブサイト「2020年度　学校教育部各課の『仕事目標』」〈https://www.city.machida.tokyo.jp/shisei/buchomani/2020sigoto-mokuhyo.files/2020_21_gakkou-c.pdf〉（最終閲覧日：2021/03/22）。熊本市教育委員会「令和３年度（2021年度）熊本市立高等学校入学者選抜におけるインターネット出願システム導入の案内について（依頼）」。

（5）学校でPC端末等のICT環境を一体的に整備する国の構想（１月７日）。

（6）富山県と滋賀県について、『内外教育』の当該記事は2020年度予算段階のものであったが、以下の資料より実施が確認された。富山県総合教育会議「教育環境のデジタル化の推進について（令和２年度第２回会議資料2-1）」2020年７月17日。滋賀県教育総務課「県立学校におけるICT環境整備状況（第２回滋賀県総合教育会議資料３）」2020年７月28日。

（7）文部科学省、前掲、5-6・28頁。

（8）文部科学省「『学校ICT環境整備促進実証研究事業』（遠隔教育システム導入実証研究事業）」2020年３月。経済産業省「経済産業省『未来の教室』プロジェクト―教育イノベーション政策の現在地点―」2020年９月。

（9）首相の休業要請については、本来権限を有さない点などの法的問題が指摘されている（村元宏行「コロナ禍の中、あの『学校一斉休業』要請は適切だったのだろうか」『季刊教育法』第207号、2020年12月、94-95頁）。

（10）学校の休業中、教育委員会作成の動画を視聴させた自治体が26％、同時双方向型のオンライン授業を行った自治体が15％あった（７月28日）。

（11）その後、2021年２月15日の衆院予算委員会では、菅義偉首相が中学校での35人学級の検討も言及している（『教育新聞』2021年２月15日）。

（名古屋大学・大学院生）

Ⅶ

書評・図書紹介

書評

榎　景子著
『現代アメリカ学校再編政策と「地域再生」——学校統廃合か、地域と教育の刷新か』

成松　美枝

1．はじめに

本書は、2017年度に神戸大学大学院に博士学位論文を提出した著者が当論文に加筆・修正を加え、2019年度科学研究助成事業の助成を得て2020年1月に刊行したものである。

学校をどの地域にいかに配置するかに関する「学校再編政策」は、日本においては過疎地域の学校統廃合を始め地域の活性化と震災復興などに連動する施策として動向が注目されてきた。一方、米国において同政策は、「都市部を中心とする成績低迷校や不十分な教育環境の学校等を閉鎖、再配置し、新学校を設置する動き」、つまりアカウンタビリティ政策の一環として教育の質向上や学校組織再編を推進する教育政策として位置づけられる（pp.4-5）。筆者は、米国の学校再編政策に関する先行研究では、「地域再生」を志向する政策力学との連関での分析が行われていないと指摘する。そして近年の米国では、都市部を中心に地域再生を目的とした同政策が学校参加・学校選択、公立校の民間団体への運営委託等と組み合わせて実施されていると提示しながら、学校再編政策と地域再生の関係の隠された問題点と意義に迫ることが、日本の当政策の行き末を見極める上でも重要であるとして研究の意義を見出す。本著は、こうした問題関心から、米国都市部で学校再編政策がいかに進められているのかを「地域再生」との連関に焦点を当ててその特質と課題を解明すること、我が国の今後の学校再編政策への示唆を得ることを目的とするものである（pp.5-6）。

2．本書の構成

本著は3部構成を取り、第Ⅰ部に第1章・第2章・補章、第2部に第3章・第4章、第3部に第5章と第6章を含み、終章が付される。第Ⅱ部と第Ⅲ部の末には、各学区の政策文書及び現地で収集した一次資料の訳文がそれぞれ付録されている。以下、各章の概要を紹介する。まず、第Ⅰ部の「第1章　学校再編政策と「地域再生」という視座」では、わが国の学校再編政策に関する先行研究が過度に個別学校の作用と効果に関心を置き、教育政策内の問題として権力批判に終始することで、教育改善と地域再生に向けた建設的な展望を描いていないことに限界を見出す。その上で筆者は、学校再編政策への視座として、複数校への作用や地域社会への包括的作用への着目、政策内容の課題や政策展開過程の分析、住民の自己教育過程としての学習と変容への着目を本研究の課題として提示した。「第２章　アメリカにおける学校再編政策の理論的基盤」では、近年の米国都市学区での学校管理手法である「ポートフォリオ・マネジメントモデル（以下、PMM)」が、学校再編のための学校の閉鎖、新設、再配置を学校管理に不可欠な要素として組み込んでいるとして、PMM の理論的特質と課題が提示される。特に、PMM は学区の所管する全学校を「学校群のポートフォリオ」として一元的に捉え、学区全体で児童生徒の教育ニーズを満たし、多様で質の高い自律的学校群を成立させるという２つの目的を達成するものであること、学校改善への支援と再編を実施するものであることが報告される。

第Ⅱ部と第Ⅲ部では、米国では学校再編政策が PMM の導入によってどのように実践されているのか、２都市学区の事例が検討される。まず「第３章　地域格差是正に向けた学校再編政策の形成」では、カリフォルニア州オークランド統合学区（Oakland Unified School District 以下、OUSD）における学校再編政策の形成過程が紹介される。当学区では、非営利組織が先導する住民と保護者による「コミュニティ・オーガナイジング」の活動が、貧困層の居住地域に集中する低学力の学校の劣悪な教育環境を改善するために教育行政に対して学校再編政策の成立を促したものである。続く「第４章　学校群の総合調整という新たな教育行政課題」では、学校再編の実施過程において限りある資源の条件下で生じる、成功する学校と「改善に停滞が見られる学校」間の問題に対処する手段として PMM が導入されたこと、教育行政が支援のためのガイドラインを作成し、学区全体の資源と教育ニーズの総合調整を伴う全ての学校を対象とする包括的支援が実施されたと報告した（pp.115-120)。

第Ⅲ部の「第５章　学校再編への都市再開発政策の影響と課題」では、シカゴ学区の PMM 導入による学区再編政策の事例が検討される。シカゴでは、市長が「学校計画と住宅政策との相乗効果により、貧困層を中上流層に置換して都市空間を一変する経済開発を狙う」と謳いながら、実際にはインナーシティの貧困層の立退きと中上流層の流入を促進する「ジェントリフィケーション」が起きたこと、グローバル経済化を背景に学校再編政策が都市再開発のメカニズムの一部に組み込まれそれを促す役割を担わされたこと、公立学校には十分な資源投資が為されずに学校成績のアウトプットのみで閉鎖が決定されたこと、閉鎖後の新校設置審査では住民の参加権限がはく奪されていたことが報告された。さらに、結果としてシカゴでの学校再編政策は、貧困層の児童生徒に良い教育機会を提供できず、学校間で児童生徒の社会経済的階層と能力による分離を生み出しつつあることが指摘された（pp.154-174）。続く「第６章　対抗軸的実践としての「地域教育計画」の萌芽」では、そうした当市の学校再編政策に対してブロンズビル地区の住民側から行政への異議申し立てが起こり、住民主導の教育計画が策定されたこと、同地区では小中高６校の学校間接続により住民自治に基づく教育環境創りが進められた事実が報告された（p.190）。

「終章　研究の総括」では、第１節で各章の知見が整理され、第２節ではわが国の教育行政への示唆と米国都市学区での学校再編政策の特質と課題が考察される。まず、①同政策の形成過程の特質として、行政と住民の間で相互作用の活性化が生じており政策過程の動的性質の高まりが存在すること、②学校再編作用の特質として、シカゴでは住宅・教育の複数の政策の組み合わせにより困窮層への排除の圧力が相乗的に強まっていること、③２学区に共通する学校再編政策の作用では、一見個別学校を対象にするかに見える政策が他校・他地域の再編に多大なる影響を及ぼしていること、④オークランドの事例では、住民主導の学校再編政策が形成されたことで住民自身が教育のニーズを表明できるようになったこと、他方で⑤学校再編での学校間の排他的競争を乗り越えるための行政手法としてPMMが導入され、学区全体の抱える教育ニーズと保有資源を結びつけ最大限に効果を高めていくという効果があったという意義が提示された。さらに⑥シカゴでは、複数の小・中・高校を一まとまりとした一定の地域的広がりの中で教育意思を集約し教育資源を共有する考え方が生まれており、学校コミュニティの範囲を拡張することで排他的競争を乗り越えようとする志向性の意義が指摘された（pp.250-252）。

３．本書の意義と課題

本書が今回刊行された意義は、以下の点にあると考える。まず、わが国では主として過疎化の進む地方の学校統廃合等の施策として注目される学校再編政策が、米国では都市学区の教育改善と地域再生のために導入された事例を、住民主導で導入したオークランド学区と、経済優先の市長が導入を進めたシカゴ市の２学区を採り上げて対照的に描き、報告している点であろう。特に前者のオークランドでは、各学校で「持続可能な教育改善」を実現するために、地域住民が主体となって内発的な改革を進めた事実は、わが国の学校再編を検討する際にも注目すべき事実である。一方で、シカゴでは都市再開発を目的に教育と住宅、経済政策を融合する総体的な改革として包括的支援体制が取られたものの、経済優先の住宅政策に学校再編政策が組み込まれ、低所得層の平等な教育の機会が失われた事実が明らかにされた。日本においても、公教育費削減のため地域住民の意思決定を踏まえずに学校統廃合を実施する危険性に対して警鐘を鳴らす報告ともいえよう。本著が指摘するように、米国では教育・住宅・福祉政策等複数の層を統合・包括的に捉えた教育改革が進められているが、わが国では教育と福祉政策の連携の困難さが指摘される（小川 2018）。複数の政策連携を米国では具体的にどのように進めているのか、今後の報告を期待する。

一方で、疑問に思った点を述べたい。学校再編導入の事態を２学区の教員はどのように受け止めていたのか。親・住民側はスモールスクール化の教育改善に賛同したが、閉校とチャーター校転換のリスクを前に不安定な雇用状況を強いられた教員は本改革をどのように理解したのかについてである。また、学校選択制を基盤とするPMMの実施でOUSDは「家族の参加」を重点目標とした（p.111）が、近隣学校でない環境での「家族の参加」は実現可能であったのかという点である。多くの米国都市で実施される学校選択制では、近隣にない学校における家族の学校参加の困難が課題となっている（Milwaukee Journal Sentinel, July 30th, 2016）。この点を含め、PMMでの「行政介入診断のための総合評価」（p.118）ではスモールスクール等に対してどのような評価がなされたのか、開校10年を経た現在全てのスモールスクールが継続されているか等、学校再編の結果についても今後は報告して戴きたい。本研究は、米国の学校再編政策が教育・住宅・経済政策との力学的関係の下で導入・実施される過程を、現地調査での資料分析を基に丁寧に分析し、豊かな表現力で表した力作である。今後の学校再編と地域再生に取り組む教育行政関係者や学校管理職の方々はもとより、教員の方々にもぜひお読み戴きたい書である。

参考文献

小川正人（2018）「教育と福祉の協働を阻む要因と改善に向けての基本的課題——教育行政の立場から」『社会福祉学』第58巻第４号。

〔学文社、2020年１月発行・本体価格4,700円〕

（佐賀大学）

書評

福嶋　尚子著
『占領期日本における学校評価政策に関する研究』

樋口　修資

本書は、占領期の日本において展開された新制高等学校を対象とする学校評価政策を素材として、学校の水準保障を目的とする一連の政策構想と政策過程を明らかにしようとするもので、占領期学校評価政策の展開過程において、文部省とCIE（GHQ民間情報教育局）との間における学校の水準保障システム構想の差異とその一環としての学校評価政策という独自の視点からその政策立案過程とその特徴を捉え直そうとする占領期教育史研究の労作であり、これまでの先行研究にはみられない独自の研究業績といえる。

今日、2002年の小学校設置基準等の改正により、学校の自己評価の実施と公表の努力義務がはじめて規定されるとともに、2005年の中教審答申「新しい時代の義務教育を創造する」において、義務教育の構造改革として、教育の質を保証する教育システムの構築の重要性が提言されたことに伴い、2007年には学校教育法の改正により、学校評価の実施と公開が義務づけられるなど、国は、学校評価を教育の質保証の重要な教育インフラと位置付けるに至っている。

筆者は、近年の学校評価研究の主要な関心が、学校評価の現代的な課題やその改善方法等に置かれ、「本研究が主たる対象とする占領期の学校評価政策は、近年ほとんど顧みられることがない」（16頁）と批判的にみる。筆者は、研究対象である占領期の学校評価政策において、学校の教職員が教育条件の水準を問い、教育行政機関に向けてその水準保障義務を課していく方策として学校評価モデルがあったことを明らかにすることにより、現代における学校評価モデルのあり方を改めて問い直す視座を提供しており、本書は今日の学校評価政策の研究のありように一石を投じ、重要な示唆を与えるものとなっている。

本書は、序章にはじまり、第１部「戦後初期学校制度改革と水準保障」では、第１章「学校教育法制定以前の学校制度改革」、第２章「高等学校設置基準における学校の水準保障構想」、第２部「IFELにおける学校評価論の形成とその特徴」では、第３章「農業高校を対象とする学校評価構想の浮上・形成」、

第４章「IFELにおける学校評価論の特徴」、第３部「中等教育における学校評価構想の形成とその特徴」では、第５章「中等教育における学校評価構想の浮上・形成」、第６章「中等学校段階における学校評価制度の特徴」、終章により構成される。

第１章では、戦後学校制度改革において、米国教育使節団報告や学校教育法の立案段階の過程を検証する中で、学校の水準保障のための仕組みの具体化がどのように構想されてきたかを豊富な史資料に基づいて明らかにしている。米国教育使節団報告では、学校に関する二層の標準、すなわち、国レベルでの客観的標準と都道府県レベルでの最低標準による認可・認定学校の水準保障を図るとの構想があったことを紹介しつつ、その後の学校教育法制定を経て、学校設置基準及び学校認可による最低限の水準の担保と設置後の補完的学校基準の設定とその下での管理・監督という学校基準の政策化により、学校の水準保障の仕組みを実現しようとするものであったことを明らかにしている。

第２章では、高等学校設置基準の立案過程を検証し、学校の水準保障に関わる制度構想、具体的には学校認証構想が、どのように設置基準の制定過程に位置付いていたのかを先行研究を参照しつつ明らかにするとともに、高等学校設置基準の制定過程におけるCIEと日本側との間の新制高等学校のあり方やその水準保障の仕組みをめぐる考え方の相違を丹念に抉り出している。日本側（文部省）が、学校教育法に示された認可基準として機能する高い水準の学校設置基準を想定していたのに対し、CIE側は、暫定的な最低限の外形的な高等学校設置基準を設定し、進学希望者全てが入学できるようにすることを主張し、最低限の水準が確保された設置学校には、米国の中等学校認証システムを念頭に、教育行政機関から干渉されない学校認証協会による認証評価により、学校の水準の向上を図るとの構想を主張したこととの間に大きな「ずれ」があったことを詳細に分析している。

第３章と第４章では、1950年のIFELの第４期農業班による学校評価論の形成の経緯を明らかにする中で、当時、学校設置基準などの学校の水準保障方策が十分に機能しない状況において代替策として登場した、農業教育に携わる教師らによる農業高校が満たすべき学校基準の策定とそれに基づく自主的・相互的な学校評価構想の先駆的な意義を明らかにしている。CIE職業教育班のネルソンが、米国の中等学校認証システムを日本の農業高校を対象に実現しようと考え、そのための評価基準をIFEL農業班に立案させ、その普及拡大を図ろうとした経緯を詳細に紹介しつつ、ネルソンの指導により作成された農業高校の学校評価参考書「教育の協同評価」は、農業高校の教育活動から教育条件に至るまでを評価対象とする包括的な学校評価論を提示するものであり、この「教育の協同評価」は『教育の地方自治の理念に基づいた「学校教育の民主的・専門的規制」のあり方を農業高校分野において模索する1つの先駆的試みであった』(272頁)と評価している。また、この評価基準の作成過程は、『生徒の教育を受ける権利を実質的に保障する責務を負う教育専門職たる教師による「教育条件整備要求権」あるいは「学校環境要求権」の行使として見なすことができる』(271頁)と総括している。

第5章と第6章では、中等教育における学校評価構想の形成とその特徴について論述し、中等教育段階の学校を対象とする水準保障方策について、1950~51年にかけて検討され、後に学校評価と名前と実質を変えて具体化する質的・量的基準を備えた「学校認証構想」について取り上げ、実証的な検証を行っている。筆者によれば、当初は、米国における学校認証と同様に、最低限の設置基準を満たした学校自身が、教育行政機関とは異なる学校認証協会を設置し、学校認証において学校自身が相互的・自治的な学校の水準向上を図るという仕組みの実現を目指していたが、CIE が次第に教育政策立案から後退するに伴い、学校認証評価の構想は後景に退き、最終的には、文部省が示した「中学校・高等学校学校評価の基準と手引き」における学校評価基準をもとに地方教育行政機関が実施主体となる学校評価制度へと変質したことを明らかにしている。

ここで、本書に対する評者の意見を三点にわたり述べたい。

第一に、筆者によれば、占領期日本における学校評価政策は、米国の学校認証システムを参照しつつ構想され、その後、学校認証構想は学校評価へと転換・変質したものの、占領期学校評価政策の終着点である IFEL 農業班の「協同評価」や学校評価基準設定協議会の「試案」が、学校認証構想の備えていた特徴をなお残していると評価し、その特徴の1つに、学校が備えるべき水準達成の責任を学校関係者のみならず学校設置者にも負わせていたという点において、「教育条件整備要求型」学校評価として積極的に評価できるとしている。しかしながら、占領期の学校評価構想が描いていた、教育活動から教育条件整備までの質的・量的基準に基づく学校の教職員による自校評価を踏まえて、学校の質的・量的改善に必要な条件整備を設置者に要求するという仕組みにどれほどの実効性と実現可能性があるかについては疑問が生じる。占領期はもとより今日においても、逼迫する教育財政下において、学校評価結果に基づく設置者の条件整備の取組を期待することは望むべくもなく、学校評価は、学校の裁量性も十分担保されない中で、学校に投入された人的・予算的資源の範囲内で、一途に学校の自己責任において質的向上と改善を図ることを求めるという学校評価システムの問題性と限界性を直視しなければならないのではなかろうか。

第二に、学校評価は、占領期であろうと現代であろうと、学校の自主・自律性が保障され、人事・予算・教職員配置・学級編制・教育内容等について学校の権限が担保されなければ，学校評価の目的である学校自身の自律的・継続的な教育活動等の改善を図ることは困難である。今日、PDCA による学校経営の推進の文脈の下で、学校評価は、学校の教育活動等の改善につなげる重要なツールと位置付けられているが、学校の裁量権限の拡大や学校経営に必要なリソースの確保も不十分なまま、評価に基づく学校の業績統制と説明責任の明確化を学校の自己責任に負わせ，学校を統制管理する手段と化している。とりわけ、今日の学校評価システムは、占領期学校評価構想とは異なり、新自由主義に基づく教育行政の一手法として、学校選択制と連動し、学校間競争などをねらいとして、学校の教育活動等の成果等についての説明責任を果たすことが重視され、教育水準の向上のための地道な教育活動等への取組やそれを下支えする教育条件整備や学習環境整備などについての学校評価の取組が射程外に置かれていることからすれば、改めて学校評価の意義・目的は何なのか、再検討が求められる。

第三に、本研究は、中等教育学校を対象として占領期の学校評価政策を考察しているが、同時期に、米国教育使節団報告書の提言を受けて、わが国の高等教育レベルにおいて大学相互の自主的な適格審査を行い水準向上を目指す認証評価機関として大学基準協会が設立されており、高等教育レベルの認証評価の歴史的経緯との比較考察を行うことも研究上考慮されてもよかったのではないかと思われる。今日、大学レベルでは、認証評価とは別途、国立大学法人については，教育研究・業務運営に関する法人評価により、評価結果を予算に反映される仕組みが設けられ、大学評価は、国が定める評価基準に基づいた評価結果の資金配分への反映を通じて、選別・淘汰の競争原理を働かせようとしている。こうした状況の中で、初等中等教育の学校評価が、学校の水準向上と改善を図るという目的を離れ、学校の業績統制を強化し、評価の結果に基づくインセンティブかサンクションかという学校選別の手段に転化しないか懸念されよう。

おわりに、本書は占領期の学校評価政策における学校認証評価構想の立案とその変容過程を実証的に深く究明する貴重な研究成果を提供しており、今日の学校評価と教育条件整備の課題に関心のある方々には是非一読をお勧めしたい。

〔風間書房、2020年1月発行・本体価格11,500円〕

（明星大学）

書評

井深　雄二著
『現代日本教育費政策史
――戦後における義務教育費国庫負担政策の展開』

小入羽　秀敬

1．本書の概要

本書は第２次世界大戦後の日本における義務教育費国庫負担政策の通史的研究であり、2004年に刊行された『近代日本教育費政策史』の続編に当たる。戦後から現代までの制度変化を一次資料によって丹念に追っており、1300ページを超える大部な著作となっている。特徴的なのは、本書に掲載されている資料の多さである。義務教育費国庫負担制度について明らかにするため、制度化されることのなかった教育財政改革諸案まで射程を広げて分析を行っている（p. i）。

本書は３部構成（第Ⅰ部「戦後教育改革と公費教育主義下の義務教育費国庫負担金政策」、第Ⅱ部「高度経済成長と教育補助金主義下の義務教育費国庫負担政策」、第Ⅲ部「財政危機と受益者負担主義下の義務教育費国庫負担政策」）となっている。以下、紙幅の都合上簡略にではあるが、各章の概要を紹介する。

序章では「課題設定」として、詳細な先行研究レビューから従来の義務教育費国庫負担政策の研究の大半が二次資料によって行われているために重要な資料が見落とされていることを指摘し、一次資料による通史的分析の重要性について言及している。第Ⅰ部は戦後教育改革期から義務教育費国庫負担法の廃止までを扱っている（第１章～第８章）。第１章では戦後初期の教育財政改革期に財政的基盤を確立するために検討されるが、ほとんど制度化されなかった４つの構想を取り上げ、戦前と戦後の連続性と断絶について指摘している。第２章では、義務教育費国庫負担法の改正によって導入された定員定額制と同時期に組まれた超均衡予算によって発生した教員の過剰人員への対応について、岐阜県を事例にしながら検討している。第３章では、学校の設置基準等を一括して定める学校基準法および、それを財政的に保障するものとして位置付けられている学校財政法の構想の展開について検討している。結果として双方とも制定はされなかったが、その理由として学校財政法が制定に至らなかったことを挙げている。第4章では、シャウプ勧告に基づいて廃止された義務教育費国庫負担法に代わるものとして構想された標準義務教育費法案の立案から挫折に至るまでの展開を検討している。第5章では地方財政平衡交付金制度の下、義務教育費をどのように確保したのかについて、岐阜県を事例にして検討している。第6章では、戦後教育改革期に唯一成立した教育財政関連法である産業教育振興法の制定過程について検討している。第7章では教育委員会法および教育公務員特例法の立案過程の検討から、教員の任免権について「地方の事務としての教育」と「国の事務としての教育」という、相反する教育行政理念が内包されていることを示した。第8章では、占領終結期に構想されたものの、制度化されなかった教育財政改革を検討し、教育財政の地方自治の実質化と義務教育費国庫負担制度に代わる固有の教育財政制度の二大潮流の存在を指摘している。

第Ⅱ部は1952年に成立した義務教育費国庫負担制度が立案・制定から地教行法の成立を経て、高度経済成長期に確立・拡充していく過程を描いている（第9章～第14章)。第9章では、教育平衡交付金構想から義務教育費全額国庫負担を経て義務教育費国庫負担法案の提出に至るまでの過程について、様々なアクターの動きを丹念に追っている。第10章では義務教育費国庫負担法の成立過程について検討し、同法の成立によって義務教育が国の事務として再定置されたことを指摘している。第11章では義務教育費国庫負担法の実施に先立って議論された、公立学校教員を国家公務員として扱うなど義務教育を事実上国の事務とする義務教育学校職員法案を主に検討した上で、負担法下の予算制定と三本建て給与制度について述べている。義務教育学校職員法案は教育関係団体や地方団体の反対があり、内閣不信任案の可決と国会解散によって審議未了・廃案となった。第12章では、地方教育行政の組織運営に関する法律の制定過程についての分析である。また、同法の中で教員の任免がどのように扱われているのかについて検討している。第13章では義務教育標準法の制定過程について主要なアクターによって提出された構想を含めて検討し、その影響について「教職員の全国的な水準的配置の基礎が敷かれ、義務教育費国庫負担制度が基本的に確立した（p.912)」と指摘している。第14章では、文部省による定数管理の強化について、1963年に45人学級の実施が決まった義務教育標準法の改正とともに導入された定員実額制や学級編制関連事務の機関委任事務化の観点から論じている。

第Ⅲ部は1965年以降の財政危機以降の義務教育費国庫負担制度の縮小・解体

過程が描かれている（第15章～第20章）。第15章では1965年以降の財政危機下での教育財政政策について検討している。財政危機からの脱却のため、臨時教育審議会や第２臨調などの新自由主義的教育改革論議が行われており、義務教育費国庫負担制度の見直し論が繰り返し提起されていた。結果として、同制度の旅費や教材費等の一般財源化、退職年金等人件費の周辺部分の削減が行われていたことを指摘している。第16章では、バブル崩壊とその後進んだIT革命から新たな資本主義の形を想定し、1990年代の教育改革について検討している。1993年義務教育標準法改正以降の定数加配政策について、定数改善計画などの詳細な分析を行っている。第17章では、地方分権改革や規制緩和の流れの中での学級編制法制や義務教育費国庫負担制度について検討している。前者については機関委任事務であった学級編制関連事務が自治事務となり、後者については加配定数の弾力的運用や市町村負担の教員の全国化が一部実施されるようになった。第18章では三位一体改革の中で、義務教育費国庫負担制度の総額裁量制の実施と国庫負担率の二分の一から三分の一への引き下げが行われた経緯について検討し、明らかにしている。第19章では、民主党政権下での教育費政策について、小学校一年生の35人学級の実現の経緯について検討している。第20章では、政権再交代後の第２次安倍内閣における教育費政策である。具体的には加配定数の基礎定数化や県費負担教職員の給与支払い等の政令指定都市への委譲について検討されている。

終章では戦前から戦後に至るまでの教育費政策を類型論に基づいて総括し、これからの義務教育財政の展望について述べている。

２．本書の意義と課題

本書の意義として次の２点が挙げられる。第１に膨大な資料を通史的にまとめ上げたことである。本書は義務教育費国庫負担政策について研究を行う上で必ず最初に参照しなければならない著作といえる。各章の分析で一次資料をもとに緻密に論じられているだけでなく、章末に別途掲載されている一次資料は全21点ある。その成果は財政制度史を超えて政策過程分析など様々な研究手法に裨益することが期待できる。「現代が抱えている諸問題を解決するための素材を提供（p.i）」することに著者は成功しているのではないかと思われる。第２に、現代に至るまでの義務教育費国庫負担政策の展開の背景となる政治的要因や社会経済的要因も含めて幅広く目配りがなされており、それらが体系的に記述されていることである。教育財政に関連する政策を検討する上で、国内の政治経済的要因に関する分析は避けて通れない。著者は戦後から現代に至るまでの70年間にわたって分析を行っており、教育に影響を与えた政治や経済の通史としても本書を読むことができる。義務教育費国庫負担制度に限らず、教育財政の諸政策について分析を行う際にも重要な知見を示してくれる。

以上のように、教育財政研究において本書は大きな意義を持っているが、課題も指摘しておきたい。終章での議論の展開である。終章の第４節では著者による今後の義務教育財政のあるべき姿について国の財政危機克服のための見解が記されている。具体的には、第１に資本蓄積最優先の新自由主義的国家財政に替わるものとして新福祉国家型財政を構想し（p.1278)、第２に戦後日本資本主義の変革の展望を述べている。本書のまとめ部分であるが故かもしれないが、本節での論理展開は資料に依拠した他の章とは異なり、それらの主張の根拠となる部分が著者なりの現代資本主義の解釈をもとに論展開がされているため、若干不明瞭であった。例えば「現代資本主義は、資本制機械＝大工業生産様式の段階から資本制コンピューター・ネットワーク生産様式とも規定し得る段階へ移行しつつある（p.1278)」は第16章の第２節～３節を根拠とした論であると推察するが、当該部分はIT革命の展開と資本主義の転換について述べられており、一次資料ではなく石沢（1985）の論に多くを依拠している。また、第16章で検討する橋本内閣の教育改革の背景としては検討の方向性が異なる印象があり、当該箇所は本書において著者の主張したい部分の根幹に関わる部分ではないかと推測されるが、その論展開に若干の飛躍を感じてしまう。著者の意図は理解できるものの、義務教育費国庫負担政策の通史的分析の手法と1990年代以降の資本主義に関する分析の手法の差が大きく、当該箇所の妥当性については疑問に思った。

しかしながら、本課題は義務教育費国庫負担政策という大きなテーマから見たら些末な指摘に過ぎず、本書の学術的価値は些かも損なわれていない。むしろ、本書が指摘しようとしていた財政危機克服のための議論は後進の教育財政学者が引き受けて展開していくべき課題になるのではないかと考える。

〔勁草書房、2020年２月発行・本体価格18,000円〕

（帝京大学）

図書紹介

中嶋　哲彦著
『国家と教育――愛と怒りの人格形成』

姉崎　洋一

この本を手に取られる読者はまず何を思い浮かべるだろうか？　タイトルに掲げた「国家と教育」は、目次を見ると「中嶋さんらしいな」と首肯できる。だが、「愛と怒りの人格形成」とあると、色々と想像できる。教育哲学論？人格論？「愛と怒り」？

本の帯を読むと論じられている主題がはっきりする。すなわち「2010年代は、日本の公教育にとって、大きな意味を持つ10年間だった――大阪府教育基本条例、教育委員会廃止論、第二次安倍政権の誕生、18歳選挙権、大学改革と入試制度改革、そして子どもの貧困…〈国家と教育〉をめぐるイシューが吹き出した10年間の情勢を追い、その本質を解きほぐす。わたしたちはいまどうしてここに立っているのか？　その答えを知るための〈現在進行形の教育学〉」。

初出は『現代思想』『世界』『人間と教育』『日本の科学者』『クレスコ』という雑誌に掲載された論稿やエッセイ19篇であり、名古屋大学での研究・教育（教育行政学・教育法学・教育政策論）に従事しながら、その間、愛知県犬山市教育委員、全国大学高専教職員組合の中央執行委員長、名古屋大学教育学部付属中学校・高等学校の校長を兼任し、「なくそう！子どもの貧困」全国ネットワークの設立に加わり、子どもの貧困対策推進法の制定・改正を国に働きかけてきた中で執筆されたものであると記されている。「本書に収めた論稿は、上記の社会的実践と学問研究を行き来する中で執筆したものだ。何か一つの学問的テーマに打ち込むべきだという意見もあるが、これが私の学問的姿勢である。」と書かれている。

本書は、全部で序論・プロローグ・エピローグ及び６部構成（全17章）からなっている。

序論　新自由主義的国家改造と公教育

プロローグ　新自由主義の国際的展開と日本の教育

Ⅰ　大阪における新自由主義改革の実験（第一章　大阪府教育基本条例の悪

夢　第二章　収奪と排除の教育改革）

Ⅱ　新自由主義改革のための教育委員会制度改革（第三章　教育委員会廃止論を問う　第四章　首長主導と国家統制強化の教育委員会制度改革を問う）

Ⅲ　なぜ国家主義に向かうのか（第五章　なぜ教育勅語の復活を願うのか　第六章　学びの統制と人格の支配　第七章　安倍政権の改憲構想と国家改造プロジェクト）

Ⅳ　若者の政治参加と政治的教養教育の自由（第八章　主体的政治参加のための政治的教養と内発的参加要求　第九章　何が教育の自由と中立性を担保するか　第一〇章　憲法と民主主義を教育にいかす）

Ⅴ　大衆的高等教育の創造（第一一章　国立大学法人における大学自治の復興　第一二章　「大学の大衆化」と高等教育政策のゆくえ　第一三章　入試制度改革で分断される若者と日本社会　第一四章　大学・学問の現代的存在形態と大衆的高等教育の創造）

Ⅵ　貧困からの自己解放を支えるために（第一五章　待ったなしの「子どもの貧困」対策　第一六章　子どもの貧困からの自己解放　第一七章　拡大させられる「教育の機会不均等」）

エピローグ　教師として生きるあなたへ

中嶋氏は、タイトルに込めた意図として、「現代資本主義国家論」と「今日の経済的支配」という二つの枠組みを立てた。「経済的支配」は、「人間を「人材」という経済的価値基準でしか捉えようとせず、公教育制度を競争的人材の育成装置に変質させようとしている」とし、「この経済的支配と政治的支配統治に対抗する人格形成の中核には「愛と怒り」が据えられるべきだ」と考えているからだとされる。さらに「怒れ」という自作詩を紹介してくれた中学の恩師の「詩」をエピローグに記して、「愛と怒り」の所以を記しておられる。

「怒れ。 自分のために怒る奴は偉い。友達のために怒る奴はもっと偉い。まだ知らない弱い人々のために怒る奴が最も偉い。」

中嶋氏は、中学や高校以降の、大学の学びで強く影響を受けた研究者として、影山日出弥氏（憲法学）と田口富久治氏（政治学）をあげ、名古屋哲学セミナーでの真下信一氏と吉田千秋氏をあげられていた。氏は、法学部（学士課程）から大学院を教育学研究科（修士、博士後期）に選んだ経歴を持ち、教育学分野では、評者と同じ教育・研究環境下のもとで過ごされ、その他の分野であげられている幾人かの人々も、よく存じ上げている方たちだ。

さて、内容に即して気づいた点を書き留めておきたい。「序論」の公教育の歴史的説明は、このサイズの本の制約もあるが、やや粗い感がいなめなかった。たとえば、「原始共同体においては、学習と教育は私事としてではなく、共同体の共同事務として成立したはずである」(27頁) とか、初期アメリカのコモンスクール、日本の叙述においても簡略過ぎだ。Ⅰの「大阪における新自由主義改革の実験」では、中核役割を演じた「橋下氏」について、小野田正利氏との評価の違いについて「「空っぽ」に見えるものこそ、橋下氏の強さの源泉が秘められているのではないか」は、政治学的で、ある意味で小野田氏とずれているが、中嶋氏らしいコメントである。Ⅱの「教育委員会制度改革」での教育委員会論は、犬山市の事例の当事者の強みでもあって、首長主導と国家統制強化のリアルを描いて説得的だ。Ⅲ「なぜ国家主義に向かうのか」は、教育勅語や新学習指導要領への批判と解説であるが、切れが今ひとつの感が否めなかった。Ⅳの「若者の政治参加と政治的教養教育の自由」は、六九年通知と一五年通知の違いについて明快である。ただし、ボイテルスバッハ・コンセンサスの日本での実践は、まだ紹介できる時代水準になっていないのか、言及がないのは惜しまれた。Ⅴの「大衆的高等教育の創造」は、国立大学法人の特質について、多くの点において共感した。なぜ法人化したのかの説明では、国立大学は、本来は独立した教育機関であったが、「文部省の内部組織、行政組織の一部であるかのような形式」に変えられたことは、大学の自治の根幹に関わる論点である。これをいかに本来の大学の生命力として蘇らすのか、大学に学ぶ若者の大衆化に対して、魅力を発揮できるようにするかは、大学人の共通の課題である。Ⅵ「貧困からの自己解放を支えるために」は、貧困問題に対してあまり熱心ではなかった教育行政研究がなすべき、隣接領域への勇気あるチャレンジに読めた。いずれにしても、過去10年間の教育行政、教育政策について、血のかよった、分析と理論の書である。研究者・実践家・学生・市民におすすめしたい。

〔青土社、2020年４月発行・本体価格2,400円〕

(北海道大学名誉教授)

図書紹介

大桃　敏行・背戸　博史編
『日本型公教育の再検討――自由、保障、責任から考える』

坪井　由実

本書は、公教育の対象や境界を問い、日本における一条校を核とした教育保障の仕組みを「日本型公教育」としてとらえ、その揺らぎや再編課題を考察している。編者は、本書の特徴を３点あげている。一つは、「現在の公教育の変容やそこからの離脱を、公教育の崩壊としてよりも次の公教育の形態への模索としてとらえ、変容の動態や再編課題を考察」していること。二つ目は、「日本型公教育の再検討において、対象を一条校に閉じることなく、広く一条校と家庭や地域との関係、教育と福祉との関係、学校教育と社会教育との関係も含めて検討を行って」いること。三つ目は、多くの章で、「アメリカとの比較の視点を取り入れ、日本の制度変容の特徴や改編課題をより明確にしよう」としていることである（「あとがき」より）。

本書は二部構成をとっている。第Ⅰ部は一条校に焦点をあてている。第一章は、一条校の設置者と教育の担い手の多様化の動態を、一条校と学習塾との関係の変化を含めて検討し、規制改革のなかでの教育保障に向けたアカウンタビリティ施策の日本的特徴を考察している。第二章は、日本の義務教育制度の特徴を整理するとともに、アメリカのホームスクールの制度を手掛かりに、親の教育の自由と国家の公教育責任の観点から就学義務制の再検討を行っている。第三章は、外国につながりのある子どもたちへの教育保障を取りあげ、アメリカでは公教育の「本体」に位置づけられているのに対し、日本の政策は依然として「例外的対象」にとどまっているとして、国の条件整備責任を問うている。第四章では、アメリカのオルタナティブ教育の観察調査をもとに、困難を抱える子ども・若者への生活・生存保障政策のなかで学習への障壁を取り除き教育保障をめざす方策を検討している。第五章は、就学前教育・保育に焦点をあて、供給主体の多様化のなかで、個別には保育の質を確保し高める可能性もあるが、保育者の待遇改善等は急務としている。

第Ⅱ部は一条校と家庭や地域との関係を対象としている。第六章は保護者や住民を取り込みながら展開している国の教育政策下で、「教師の教育の自由」と「地域の教育の自由」との葛藤を乗り越え、新たな価値を創造していく多様な実践に期待を寄せている。第七章は一条校と家庭の教育責任の変容を対象とし、親の第一義的責任論に至る政策展開をたどり、「親の第一義的責任論によって、国と地方公共団体は、自らの責任を回避しつつ親を支援する立場に立って、家庭教育に介入することができるようになった」と論じている。第八章は教育と児童福祉の交錯の視点から、今後の日本型公教育改革に３つの方向性を見いだし、これらに共通する課題として、学校、教職員、スクールソーシャルワーカーなどの教育福祉専門職等の諸政策資源と「成果主義や専門分化の組合せの相性の悪さ」を指摘している。最後の第九章は、戦後改革で人々の自発的な学習の公的支援を本旨として出発した社会教育が、今日では学校支援や家庭教育の支援など公教育の後方支援の取組へと変容してきた過程を総括するなかで、新たな社会教育の自由とこれを保障する責任と力量を獲得し、学校教育と社会教育との両翼で飛翔する新たな日本型公教育を展望している。

これらの考察を通して、本書は、一条校の設置主体とその教育の担い手に関する規制緩和による日本型公教育の改革に、大きく二つの異なる方向性を見いだしている（34頁）。一つは、目標の設定と評価による質保証の仕組みの形成である。「テストの成績の向上という明示的な目標設定は、目標管理型の教育の質保証の仕組みとなじむものであり、それは多様性よりもむしろ標準化や同一化と親和性の高いもの」である。もう一つは、これまでの共通性を重視してきた日本型公教育を、地域や福祉との関係を含めて「多様性を取り込むことによってその公共性の枠を拡げようとする動き」である。

近時の国がめざす公教育像は、公教育政策の形成過程、その実践過程、目標に照らした評価（アカウンタビリティ）過程に至る、教育ガバナンス改革の総体において捉えることが肝心である。そうすると、本書が浮き彫りにした二つの異なる方向性も、実相は、多様なアクターによる開かれた公教育により公共性を押し広げながら、学力テストによる標準化した狭隘な目標管理型の教育の質保証のシステムにあらゆる政策が組み込まれ、日本型公教育は変容してきているようにもみえる。だが、本書は、国の法改正や政策変化の考察にとどまらず、多様な方向性をもった20ほどの自治体等における教育改革実践を取りあげ、権利性と社会的共同性を兼ね備えた新しい質の公共性を創造していく日本型公教育の可能性を模索している。教育政策研究者にとっても、また自治体教育政策づくりの当事者にとっても、本書は日本の公教育の再編動向を俯瞰するうえで、有益、必読の図書といえよう。

〔岩波書店、2020年７月発行・本体価格3,300円〕

（北海道大学名誉教授）

図書紹介

吉住　隆弘・川口　洋誉・鈴木　晶子編著
『子どもの貧困と地域の連携・協働 ――〈学校とのつながり〉から考える支援』

武井　哲郎

本書は、〈学校とのつながり〉をキーワードとしながら子どもの貧困問題とその支援の在り方について、具体的な事例や質問紙調査の結果をもとに考察するものである。第Ⅰ部では、子どもの貧困と関連する法制度や学校の体制について、生活困窮者自立支援法、子どもの貧困対策法、チームとしての学校、就学援助制度に焦点を当てながら論じている。第Ⅱ部では、子どもを対象とする調査から生活困窮世帯の子どもの特徴を、教員を対象とする調査から学校での支援の現状や課題を、それぞれ明らかにしている。また、生活困窮者自立支援法に基づいて全国で行われている学習支援事業についても、新自由主義教育政策との親和性をふまえた考察が加えられている。続いて第Ⅲ部は、福祉、心理、教育それぞれの現場で、子どもの貧困と格闘する実践者からの報告である。スクールソーシャルワーカーやスクールカウンセラーといった学校内を拠点とする専門職の取り組み、自立相談支援事業や学習支援事業、民間のフリースクール・通信制高校サポート校、校内居場所カフェといった主に地域で活動する組織・団体の役割が、具体的な事例とともに描き出されている。また、多様で複雑な困難を抱えた子たちと、学校という場で葛藤を抱えながら向き合い続ける教員の姿も登場する。最後に第Ⅳ部では、心理・福祉の専門職や地域で活動する組織・団体が、学校とどのようにつながることができるのか、そのためにいかなる工夫や視点が必要となるのか、Ⅰ～Ⅲ部の論稿をもとに検討が行われる。

本書の持つ特徴として紹介者がまず強調したいのが、丁寧な記述に裏打ちされたリアリティのある描写により、子どもの貧困問題とその支援の在り方を考えるための論点を確認できることである。たとえば第７章では、学校の教員が子どもの貧困とどのように向き合っているのかを明らかにするべく、そのインタビュー結果を掲載しているのだが、過度に抽象化することなく逐語録に近い「生の声」となっている。そのため、外部の関係機関と連携しようにもそもそも学校が情報を有しているわけではないこと、「チームとしての学校」という言葉すらそのもともとの意味とは異なるニュアンスで使われている（管理職が使っている）ことなど、いくつもの課題が存在することを窺わせる。また第14章では、生活困窮の背景を抱えた不登校生徒と向き合う民間のフリースクールの実践が描かれているが、そこにはおよそハッピーエンドとは言えない心の痛む事例も登場する。支援がうまくいくこともあればうまくいかないこともあるという現実を直視しながら貧困の問題を考えていくうえで、こうした具体性のある記述は必要不可欠だろう。教員や心理・福祉の専門職、あるいは貧困の問題に関心を寄せる地域の人々と、本書に登場する事例を用いて学びを深めていくことが、支援の在り方を考える第一歩となるように思える。

もちろん、事例の記述のみならず理論的な含意にも共感すべき点が多くある。たとえば筆者らは、「専門機関の連携」にとどまらない「地域づくり」の必要性を最後に指摘し、その一例として、多様な大人がかかわる「校内居場所カフェ」の実践に言及している。確かに、教員らが子どもの背後にあるしんどさに気づけたとしても、その子たちが安心して過ごせる場をどこにも見つけられなければ、結局のところ問題を学校で抱え込むしかない。他方で、厳しい家庭環境を抱えた子たちを受け止めるための社会資源が地域の中に存在するのならば、学校としてもその子の支援の在り方について具体的な道筋を想定しやすいだろう。多職種・多機関の「連携」だけを声高に叫ぶのではなく、子どもの最善の利益を保障するために利用可能な「資源」を増やしていくことこそ、今後、学校と地域が行政を巻き込みながら取り組まねばならない課題だと言える。

その点では、新自由主義教育政策との親和性に留意しつつも、生活困窮者自立支援法に基づく学習支援事業にはやはり一定の期待を寄せたくなる。第13章でも言及されているように、同事業をきっかけに学校や家庭から物理的にも心理的にも距離を保てる場が作られ、子どもたちの抱える不安や葛藤が少しでも和らいでいるのならば、まさにそれは地域にある社会資源としての役割を果たしていることになるだろう。筆者らには、「新自由主義教育政策に抗しながら、学習支援は教育福祉実践としていかにその教育的価値を実現することができるのか」（128頁）という課題を、今後ぜひさらに深めていただきたい。また本書では、地域が学校とつながるためにできることを最後に提示しているが、逆に、学校が地域とつながるために何ができるのか、紹介者としては気になった。教育条件の整備・改善が重要なのはもちろんだが、子どもの貧困と対峙するために学校は何をしなければならないのか、地域の関係団体とどのような関係性を築けばよいのか、筆者らの考えをぜひ本書の続編でお聞かせ願いたい。

〔明石書店、2019年11月発行・本体価格2,700円〕

（立命館大学）

図書紹介

柏木　智子・武井　哲郎編著
『貧困・外国人世帯の子どもへの包括的支援
——地域・学校・行政の挑戦』

川口　洋誉

本書は、「すべての子どもが「生まれてきてよかった」と感じられる社会づくりへの挑戦」の理論と実践の書である。本書は以下の通り、【理論編】と【実践事例編】の２部で構成されている。

第Ⅰ部　子どもの複合的困難と支援のあり方を考える【理論編】
　第１章　困難を抱える子どもの実態と社会的排除の構造
　第２章　複合的困難を抱える子どもへの包括的支援のための視座
第Ⅱ部　子どもの複合的困難を乗り越えるための挑戦【実践事例編】
　第３章　子どもが安心して楽しめる学校づくり
　第４章　つながり・支える「外国にルーツをもつ子ども」の学びと暮らし
　第５章　地域におけるケアの実践
　第６章　官民連携による包括的支援
終章　包括的支援の実現に向けて

今日、子どもが抱える困難が深刻化し、それらに目を向け、寄り添う支援が広がりを見せている。そのようななかで、過剰に子どもの困難を学校・教員だけに抱え込ませることは無責任な要求であり、実現可能性に乏しいものである一方で、子どもたちの権利保障が安上がりにNPOや市民ボランティアに依存している事態には違和感を感じざるを得ない。本書はそうした矛盾を克服する包括的支援のあり方の検討を通して、すべての子どもの幸福を実質的に保障する施策・制度の再構築に挑もうとするものである。本書は「学校と地域の連携」、学校の「内」と「外」の連携・協働を研究テーマに据える研究者お二人によって編まれているが、執筆者には研究者のほか貧困・外国人世帯の子どもへの支援に携わる教員、スクールソーシャルワーカー、社会福祉士ら「子どもの声を聞き、代弁する支援者」が加わっている。こうした執筆陣の構成が制度理念と現実の間に生じる「ずれ」の解消を可能としている。

本書では、今日の子どもたちが貧困、外国にルーツ、性的マイノリティ、障害などの「複合的困難」を抱え、学校や地域、家庭などの「日常を過ごす場」において何らかの排除を受け、「自己排除とも呼ばれる状態」にあると捉える。そのため、「人と人とのつながり」を形成し、食事提供や学習支援にとどまらない総合的な生活支援が模索される。そうした支援が行政・学校という公的セクターと市民との協働的な関係性のなかで実施されるべきであり、本書が掲げる「包括的支援」とは、すべての子どもを包摂する学校内外の多様な支援であり、学校と地域が相互の実践を補完しあいながら行われるものをいう。

本書は一貫して包括的支援における公的セクター（行政・学校）の責任と役割を問うている。「競争と自己責任を基調とする新自由主義の隆盛」の下、公的セクターの責任がより限定され、それを補完するNPOやボランティア団体などは「安上がりな活動実行者」として位置付けられるが、その一方で政策形成や権力行使からは排除され続ける。本書は「責任や義務を分かち合おうとする市民」による支援の成果には敬意を表するが、政治的・政策的背景を捨象してNPOや市民ボランティアによる支援をただ“美談”とすることはない。

本書で取り上げられる包括的支援の支援は「地域住民・保護者・NPO等民間団体職員・社会福祉協議会等福祉関連機関の職員・公的な専門職員・公的機関の行政職員らが、それぞれの責任と義務を自覚」しながら協働している実践であり、「行政が子どもの支援に積極的にかかわろうとする姿勢」を示すものである。支援実践の検討を通して見出された包括的支援における公的セクターの責任・役割は次のように整理できるだろう。

① 公的セクターの財政負担によって支援の財政的基盤と子どもへの長期的・安定的な関与を可能とする。
② 公的セクターにおける支援の実施（とくに学校）によって、支援の複数性の確保を確保する。子どもに向けて支援の選択肢を準備し、複数の支援（学校と地域福祉）の間の連携を可能とする。
③ 公的セクターの職員が支援現場を訪問したり、市民との協働を模索したりして、政策執行過程に直接に関与する。公的セクターは子どもの共通のニーズや指標化しにくい支援成果を把握し、ボトムアップで政策形成（「次の手」）や支援に対する財政等の下支えを可能とする。

こうした公的セクターの責任・役割は、支援における官民協働の深まりとして理解できる。つまり、政策立案・評価を担う公的セクターの下に　民間の支援者が政策執行者として置かれるだけでなく（①）、公的セクターと民間がともに支援者として子どもの選択肢となったり、双方の違いを意識した連携を行う（②）。さらに公的セクターが政策執行過程に積極的に関与し、責任をもつ。一方で民間支援者が子どもの声を代弁品から直接的・間接的に政策形成に加わり、ボトムアップの公共性を確立する（③）。

本書でとりあげられる５つの実践はどれも公的セクターと支援の現場が子どもをめぐる切実な課題を共有し、子どもの幸せを実現しようと連携・協働を模索する実践であった。研究のかたわらで学習支援に携わる者としても共感し、励ましを得るものばかりであった。紙幅の都合上、それぞれの実践を紹介することはできないが、ご一読いただき、公的セクターと民間支援者が連携を深化させ、包括的支援をつくりあげるダイナミクスを目の当たりにしていただきたい。ぜひ一読をお薦めしたい。

〔晃洋書房、2020年３月発行・本体価格2,600円〕

（愛知工業大学）

VIII

英文摘要

Annual Bulletin of JASEP NO.28 Crisis Management and Reconstruction/ Support for Education

---

CONTENTS

Foreword by SATOH Shuji

I Special Papers 1: Crisis Management and Reconstruction/Support for Education

Disaster Risk and Pedagogy: Understanding the Changes in Educational Issues in the Disaster-Stricken Areas after the Great East Japan Earthquake
By MATSUDA Yosuke

Development of Disaster Management Education Programs to Enhance Children's "Zest for Life" in Collaboration with Stakeholders
By NAGATA Toshimitsu

Reactions of Victims' Families and Bereaved Families about School Crisis Management and Formation Process of Education Policy: Need to Go Back Again in the Direction of Pedagogical Discussion
By SUMITOMO Tsuyoshi

II Special Papers 2: School Autonomy and Educational Standard

Recent School Reforms in New Zealand: Will They Respond to Privatisation?
By Martin Thrupp

Teachers' and Principals' Perceptions, Knowledge and Discernment with Regard to Privatization
By KATSUNO Masaaki

School Autonomy and Educational Standard in New Zealand
By ISHII Takuji

III Special Papers 3: Issues and Prospects of Education Policy on Ensuring of Education and Welfare

Child Poverty and the Modern Nation: The Childcare as a Private Affair and the School Education as a State Apparatus
By NAKAJIMA Tetsuhiko

Promotion of Policy on Child Poverty and Family: What Is the Intention of Expanding Educational Support for Children?
By HIROI Tazuko

IV Research Papers

A Study on the Process of Building Relationship Between Local Residents and Parents Outside its Attendance Area around a Specially Chartered School: Focusing on District X in City B, Prefecture A
By NAGAO Yuuri

Organizations Trying to Prevent Teacher Overwork: A Focus Study of the Scottish

Negotiating Committee for Teachers
By FUJITA Hiroyuki

V Education Policy Trends and Research Trends within and outside Japan
Trends in Education Policy Research in 2020
Trends in Education Policy Research in Japan
By NAKAMURA Keisuke
Trends in Education Policy Research in Foreign Countries
By AHN Eunkyung
Trends in Education Policies in 2020
Trends in Education Policies at the Level of the Japanese Government (Ministry of Education, Science, Sports, Culture and Technology), and Selected Central Organizations
By SHIBATA Satoshi
Trends in Education Policy at the Local Government level
By MATSUDA Kanan

VI Book Reviews
ENOKI Keiko, School Restructuring Policy and Urban Renewal in the USA
Reviewed by NARIMATSU Mie
FUKUSHIMA Shoko, School Evaluation Policy in Occupied Japan
Reviewed by HIGUCHI Nobumoto
IBUKA Yuji, History of Educational Expense Policy in Modern Japan
Reviewed by KONYUBA Hideyuki
NAKAJIMA Tetsuhiko, Education in the Capitalist State: Education Aimed at the Full Development of Personality
Reviewed by ANEZAKI Yoichi
OMOMO Toshiyuki, SETO Hirofumi (eds), A Reexamination of Japanese-style Public Education: from the Viewpoints of Freedom, Guarantee and Responsibility
Reviewed by TSUBOI Yoshimi
YOSHIZUMI Takahiro, KAWAGUCHI Hirotaka, SUZUKI Akiko (eds.), Child Poverty and Cooperation: Collaboration with Community
Reviewed by TAKEI Tetsuro
KASHIWAGI Tomoko, TAKEI Tetsuro (eds.), Comprehensive Support for Poor Children and Foreign Children
Reviewed by KAWAGUCHI Hirotaka

VII English Abstracts

VIII Information on JASEP

Afterword by OZAKI Kimiko

Annual Bulletin of JASEP NO.28 Crisis Management and Reconstruction/ Support for Education

I Special Papers 1: Crisis Management and Reconstruction/Support for Education

Disaster Risk and Pedagogy: Understanding the Changes in Educational Issues in the Disaster-Stricken Areas after the Great East Japan Earthquake

By MATSUDA Yosuke

The aim of this paper is to clarify how the schools that suffered the effects of the Great East Japan Earthquake have transformed their pedagogy, in relation to the response to disaster risk. After the traditional risks in the immediate aftermath of the disaster had settled, many teachers were concerned about the modern type risks, i.e. that the disaster might have hampered children's growth and development. Although de-context-oriented Pedagogy, which is test-oriented pedagogy, was dominant, context-oriented Pedagogy, which tackled the earthquake issue, took prominence for a while after the earthquake. However, it has become increasingly difficult to maintain this, and modern type risks are now dealt with only outside the formal curriculum. The direct cause of this was the movement of teachers who took the lead in tackling the earthquake problem to other schools, but more fundamentally, this was due to the social context created by education and social policies: (1) emphasis on psychological responses and the attribution of psychological risks to school counselors; (2) weakening of teachers' discretion due to educational reforms since the 1990s; and (3) weakening of local communities due to delays in reconstruction policies. Finally, the condition for reviving the context-oriented pedagogy is shown.

Keywords: Great East Japan Earthquake, disaster, traditional risk, modern type risk, pedagogy

Development of Disaster Management Education Programs to Enhance Children's "Zest for Life" in Collaboration with Stakeholders

By NAGATA Toshimitsu

In this paper, we first clarified the current situation and issues of disaster management education in Japan after the 2011 Great East Japan Earthquake. Then, we proposed disaster management education programs to improve the "zest for life" for elementary and junior high school students to predict and avoid their own risks and protect their lives from large-scale natural disasters that are feared to occur frequently and intensify.

The disaster management education programs developed in this study allow teachers to give that instruction systematically in the same way as subject teaching.

Incorporating the viewpoint of "independent, interactive and deep learning" (active learning) in the new course of study, and repeating the development, implementation, evaluation and improvement of programs by learning theory (Instruction Design theory, ADDIE model), the educational effect was enhanced and generalized. Furthermore, the program was applied to children with disabilities.

In order to disseminate the results of disaster prevention education, we proposed a way of collaborating with schools, boards of education, disaster prevention organizations and experts.

Keywords: Disaster Management Education Program, Earthquake Early Warning, ADDIE model, Special Support Schools for children with disabilities, Stakeholders

Reactions of Victims¡ Families and Bereaved Families about School Crisis Management and Formation Process of Education Policy: Need to Go Back Again in the Direction of Pedagogical Discussion

By SUMITOMO Tsuyoshi

How have the victims' families and bereaved families responded about school crisis management? Also, how have they influenced the process of education policy development when you have a dissatisfaction or doubt about school crisis management to the Ministry of Education, Culture, Sports, Science and Technology and each political party? In this paper, we have considered these two points especially in a serious situation that defined in the Bullying Prevention Measures Promotion Law.

In addition, this paper argued that it is necessary to alleviate mutual distrust between the victim's family and bereaved family and the school and educational authorities revitalize the community of schools. In addition to this, we argued that school crisis management needs a renewed discussion from a pedagogical point of view.

Keywords: School crisis management, The serious situation of bullying, Victim family and bereaved family, Mutual distrust

II　Special Papers 2: School Autonomy and Educational Standard

Recent School Reforms in New Zealand: Will They Respond to Privatisation?

By Martin Thrupp

New Zealand's Labour-led Government elected in 2017 has been signalling more progressive school-level education policies than in the past but it is hard to see much that has come to fruition. A key obstacle to change is important constraints on this government in moving away from the neo-liberal policy directions of the past. Privatisation of schooling is a continuing issue. A recent review of Tomorrow's Schools, New Zealand's self-managing schools policy of the last three decades, called for greater state involvement in the running of schools but saw resistance from school leaders. Meanwhile, the strong involvement of private actors providing services to the school system continues under the Labour-led Government, partly because after decades of privatisation this government no longer has the capacity to provide all educational services even if it wanted to. The New Zealand experience illustrates how difficult it may be to reverse processes of privatisation, once they become embedded in an education system. This paper reviews the history and current situation in New Zealand. It is suggested that teachers and principals must become more discerning consumers of private goods and services by becoming more knowledgeable about the organisations they are dealing with.

Keywords: New Zealand, education policy, school reform, privatisation, private actors

Teachers' and Principals' Perceptions, Knowledge and Discernment with Regard to Privatization

By KATSUNO Masaaki

One of the most striking points in Professor Thrupp's keynote is the degree to which school leaders in New Zealand seem to embrace, if not actively promote, privatisation in and around the state school system. Arguably, Japan has not fallen behind New Zealand with regard to the advancement of privatisation. In these contexts of New Zealand and Japan, the author is particularly interested in the ways principals and teachers make sense of privatisation. Given that privatisation is not straightforward in terms of idea, policies and practices, how can school staff gain the knowledge about the advantages and disadvantages of privatisation? The author takes note of the discernment of principals and teachers that Professor Thrupp mentions in the last paragraph of his keynote speech. Certainly, education research has a role to play in the augmentation of their ability to discern, but the author is still wondering whether there could be other means that would offer effective solutions.

Keywords: privatization, school system, teachers and principals, New Zealand, Japan

School Autonomy and Educational Standard in New Zealand

By ISHII Takuji

In this paper, I discuss the neoliberal nature of NZ educational policies since the 1980s, and examine National Standard policy and educational assessment policy against this background. In the educational reform of the 1990s, a Standards-based assessment system（SBA）was introduced. The assessment reform in the 1990s was called 'the paradigm shift of educational assessment system' from internal assessment to external assessment in NZ. External assessment deprived the teachers' independence and professionalism and teachers couldn't assess the progress and achievement of each student correctly. It was very important for NZ teachers were placing a heavy emphasis on internal assessments, especially portfolios.

Setting the National Goals and standards by the State involve the issue of state control of education through the financial allocation in the neo-liberal educational reform. The NZ decile funding system is introduced as more providing extra resources to Low-decile schools which are located in social and economic disadvantaged regions and communities. I raised the question of whether this decile funding system is a neoliberal system or a welfare system and the point of argument about how they defend the educational freedom and how about recent school autonomy and school-based curriculum design in NZ educational standard policy and funding system.

Keywords: neo-liberal educational reform, educational standard, educational assessment policy, school funding system, school autonomy

III　Special Papers 3: Issues and Prospects of Education Policy on Ensuring of Education and Welfare

Child Poverty and the Modern Nation: The Childcare as a Private Affair and the School Education as a State Apparatus

By NAKAJIMA Tetsuhiko

Child rearing is divided into the childcare as a private affair and the education at the school which is organized as a state apparatus. And the problem of child poverty is being dealt as a problem related to the former. Therefore, the following problems occur.

(1) The quality of child's everyday life is dependent on the parent's economic and social abilities, so parental financial distress and social exclusion / isolation are directly linked to child poverty. (2) Measures against child poverty are not considered in the category of state obligation for children's rights protection, but are carried out as the "support" for parents who are obliged to care for their own child. (3) "Educational support" aims to provide life opportunities for children in poverty to escape from poverty on their own efforts in the future. And through this process, child is subsumed into the capitalist social order and competition system, and the idea that poverty is the self-responsibility of the poor is acquired.

Keywords: child poverty, school education as a state apparatus, Private expense for education, parental duty to support child

Promotion of Policy on Child Poverty and Family: What Is the Intention of Expanding Educational Support for Children?

By HIROI Tazuko

Child rearing allowances, social security benefits for the poverty of one − person households, have not been provided properly, despite the fact that the Act on the Promotion of Policy on Child Poverty was established in 2013. This is because the child welfare of poor households guaranteed by child rearing allowances was converted into the workfare which promotes economic independence by working.

Educational support was, to be sure, expanded drastically to provide free-of-charge infant education and nursing and grant-type scholarships. But such in-kind benefits of these educational services, which might give children a chance to be educated, are not a key to eliminating child poverty. Today's promotion of policy on child poverty has changed the principle of child and family welfare that parents should raise their family and society should be responsible for it ： thus parents are now pressed to become independent economically by working, and children are also requested to cut off the cycle of poverty by themselves through education and studying.

Keywords: Act on the Promotion of Policy on Child Poverty, workfare, educational support, child welfare, family

Ⅳ Research Papers

A Study on the Process of Building Relationship Between Local Residents and Parents Outside its Attendance Area around a Specially Chartered School: Focusing on District X in City B, Prefecture A

By NAGAO Yuuri

The existence of a school has a significant impact on the local community which surrounds it. Some communities are trying to survive by introducing a specially chartered school system to attract students from outside their attendance areas. On the other hand, the introduction of this system may cause a conflict between residents in its attendance area and their parents who live outside it. Therefore, this study analyzed whether the adequate relationship between residents and parents can be built and, if so, what conditions are necessary to establish such a relationship, focusing on District X in City B, Prefecture A as a case study. The results clarify that relationships can be established between residents and parents when residents have a belief that all parents who are sending their children to this school and residents in its attendance area should be involved in the school, and when they have a strong interest in solving community problems and interact with students from outside it. This paper shows the potential for relationship building in a more pragmatic and practical way than the prior discussion, which is based on volunteers seeking their own educational activities, spontaneity, and high interest in the school.

Keywords: specially chartered school system, local community, residents, parents living outside the attendance area, theme community

Organizations Trying to Prevent Teacher Overwork: A Focus Study of the Scottish Negotiating Committee for Teachers

By FUJITA Hiroyuki

This paper charts the course of the establishment and progression of the Scottish Negotiating Committee for Teachers（SNCT）and details its operations. In so doing, the present study hopes to attain ideas that can help appropriate authorities in Japan contemplate ways to resolve problems relating to the overburdening of teachers. SNCT was established in 2002 after a thorough scrutiny of problems that confronted similar organizations in the past. The committee comprises members representing the government, sundry local authorities , and teachers unions. Members of this body discuss, negotiate, and attain settlements on issues such as the remunerations and service conditions of teachers, using cooperative means, which include sharing of ideas and mutual understanding of circumstances. It is also posited that SNCT conceptually embodies the stakeholder democracy theory that is at present advocated by scholars as the political framework of the future. Cogitating the importance of the SNCT, the present study investigates（i）how SNCT developed,（ii）its systems and structures, and（iii）its work methods. The study reveals that SNCT is operating effectively based on the partnership system mooted by the educational administration to obtain the consensus of stakeholders, and also on the pertinent teachers union, the Educational Institute of Scotland.

Keywords: Teachers' Overwork, Scottish Negotiating Committee for Teachers, Teachers' Pay and Conditions of Service, Stakeholder Democracy

IX

学会記事

第27回学会大会記事

大会テーマ：学校自治と教育スタンダード
日時：2020年７月４日（土）～５日（日）及び11月15日（日）・12月６日（日）
会場：東京都立大学　南大沢キャンパス

【シンポジウム】2020年11月15日（日）　Zoom 開催
テーマ：学校自治と教育スタンダード
—ニュージーランド・「明日の学校」タスクフォースレポート2019をめぐって—
コーディネーター：荒井文昭（東京都立大学）
基調報告：マーティン・スラップ（Prof. Martin Thrupp, University of Waikato, NZ）
指定発言１：勝野正章（東京大学）
指定発言２：石井拓児（名古屋大学）

【課題研究】2020年12月６日（日）　Zoom 開催
テーマ：教育と福祉の統一的保障をめぐる教育政策の課題と展望
コーディネーター：中嶋哲彦（愛知工業大学）　勝野正章（東京大学）
報告１：広井多鶴子（実践女子大学）
　子どもの貧困と家族
報告２：中嶋哲彦（愛知工業大学）
　子どもの貧困と現代国家

【自由研究発表】2020年７月５日　Zoom 開催
第１部
司会：児美川孝一郎（法政大学）
報告１：伊井直比呂（大阪府立大学）
　学校教育制度における「再方向性」と「教育の質」の捉え方—ESD および SDGs の国際目標より—

報告２：立田順一（横浜市立緑園西小学校 校長）

横浜市における分権型教育行政の成果と課題—市内４方面に設置した学校教育事務所の機能を中心に—

報告３：佐久間邦友（日本大学） 田中真秀（大阪教育大学）

危機管理を意識した学校教育制度の問い直し—新型コロナウイルス対応による課題と展望—

第２部

司会：佐藤修司（秋田大学）

報告１：佐野真理子（大阪府立大学院生）

外国籍児の教育阻害と日本における国際的人権課題

報告２：永井栄俊（東京高研・立正大学非常勤講師）

オリンピック・パラリンピック教育を検証する

報告３：松原信継（清泉女学院大学） 間宮静香（愛知県弁護士会） 伊藤健治（東海学園大学）

わが国におけるスクールロイヤー（制度）の現状と課題—アンケート調査結果に基づく考察—

第３部

司会：篠原岳司（北海道大学）

報告１：橘孝昌（東京大学院生）

「教育研究調査行政」研究の理論的意義と課題

報告２：山本由美（和光大学）

シカゴ市における教員組合と地域の共同を背景とする「持続可能なコミュニテイ・スクール（Sustainable Community School）」

報告３：光本滋（北海道大学）

中教審46答申批判と高等教育政策研究

報告４：青木純一（日本女子体育大学） 前原健二（東京学芸大学） 樋口修資（明星大学）

教職キャリアの多様化を見据えた「中途入職教員」活用に関する教育行政施策の研究（第２報）—インタビュー調査からその傾向や課題を探る—

※『第27回大会プログラム』、「学会ニューズレター2020年・秋冬号」、「シンポジウム」開催案内、「課題研究」開催案内より作成

日本教育政策学会会則

（名称）

第１条　本学会は、日本教育政策学会（The Japan Academic Society for Educational Policy）という。

（目的）

第２条　本学会は、学問の自由を尊重し、教育に関する政策（以下、「教育政策」という。）の研究の発展に寄与することを目的とする。

（事業）

第３条　本学会は、前条の目的を達成するため、次の各号の事業を行う。

一　教育政策に関する研究活動の推進

二　研究集会等の開催

三　研究委員会の設置

四　国際研究交流

五　他の学会等との研究交流

六　学会誌、学会ニュース、その他の出版物の編集・刊行

七　その他、本学会の目的を達成するために必要な事業

（会員）

第４条　本学会の会員は、本学会の目的に賛同し、教育政策又はこれに関係のある学問の研究に従事する者及び教育政策の研究に関心を有する者で、会員の推薦を受けた者とする。

２　会員は、会費を納めなければならない。

（役員および職務）

第５条　本学会の事業を運営するために次の各号の役員をおく。

一　会長

二　理事　30名以内

三　常任理事若干名

四　監査２名

２　会長は、本会を代表し、理事会を主宰する。会長に事故ある時は、理事会の推薦により常任理事の一人がその職務を代行する。

（役員の選挙及び任期）

第６条　会長及び理事は、会員の投票により会員から選出される。

２　常任理事は、理事の互選により選出し、総会の承認を受ける。

３　監査は、会長が会員より推薦し、総会の承認を受けて委嘱する。監査は、会計監査を行い、総会にその結果を報告するものとする。

４　役員の任期は３年とする。

5　役員の再任は妨げない。ただし会長は連続して３期を務めることはできない。

6　理事に欠員が生じた場合、対応する選出区分における次点者をもって繰り上げる。この場合の任期は前任者の残任期間とし、一期と数える。

（事務局）

第７条　本学会に事務局をおく。

2　本学会の事務を遂行するため、事務局長１名、幹事及び書記各若干名をおく。

3　事務局長は、理事のなかから理事会が選任する。

4　幹事及び書記は、理事会が選任する。

（総会）

第８条　総会は会員をもって構成し、本学会の事業及び運営に関する重要事項を審議決定する。

2　定例総会は毎年１回開催し、会長が招集する。

（会計）

第９条　本学会の経費は会費、入会金、寄附金、その他の収入をもって充てる。

2　会費（学会誌講読費を含む）は年間8000円（学生・院生は5000円）とする。

3　入会金は2000円とする。

4　本学会の会計年度は４月１日から翌年３月31日までとする。

（会則の改正）

第10条　本会則の改正には総会において出席会員の３分の２以上の賛成を必要とする。

（規程の制定）

第11条　本会則の実施に必要な規程は理事会が定める。

附則

1　本会則は1993年６月26日より施行する。

2　第６条の規定にかかわらず、本学会創立時の役員は総会で選出する。

附則

本会則は2000年７月１日から施行する。

附則

本会則は2002年４月１日から施行する。

附則

本会則は2014年４月１日から施行する。

日本教育政策学会会長及び理事選出規程

（目的）

第１条　本規程は、日本教育政策学会会則第６条に基づき、本学会の会長及び理事の選出方法について定める。

（会長及び理事の定数）

第２条　会長及び理事の定数は次の通りとする。

会長　　　　　　１名
理事・全国区　　４名
理事・地方区　　16名
　北海道・東北２名、関東８名、甲信・東海・北陸２名、
　近畿２名、中国・四国・九州・沖縄２名

（会長及び理事の選出方法）

第３条　会長及び理事の選出は、会員の無記名郵便投票により行う。会長については１名を記入する。全国区理事については４名、所属地方区理事については定数名を連記する。ただし、定数以下の連記も有効とする。

２　会長及び理事当選者は票数順とし、同順位の場合は選挙管理委員会の行う抽選により決定する。

３　全国区と地方区の両方の当選者は、全国区の当選者とし、その場合、当該地方区の次点者を繰り上げ当選とする。

（理事の任期）

第４条　会長及び理事の任期は、会長及び理事選出直後の大会終了の翌日より３年後の大会終了日までとする。

（選挙管理委員会）

第５条　第３条に規定する会長及び理事選出事務を執行するため、会長は会員中より選挙管理委員会の委員３名を指名する。

２　選挙管理委員会は互選により委員長１名を決定する。

（選挙権者及び被選挙権者の確定等）

第６条　事務局長は、常任理事会の承認を受けて、会長及び理事選出の選挙権者及び被選挙権者（ともに投票前年度までの会費を選挙管理委員会設置前日までに納めている者）の名簿を調製しなければならない。

２　事務局長は、選挙管理委員会の承認を受けて、選挙説明書その他必要な文書を配布することができる。

（細則の委任）

第７条　本学会の会長及び理事選出に関する細則は、常任理事会の定めるところによる。

附則
　この規程は、制定の日から施行する。
附則
　この規程は、2001年7月2日より施行する。（2001年6月30日　第9回理事会決定）
附則
　この規程は、2002年4月1日より施行する。（2002年3月26日　第44回常任理事会決定）
附則
　この規程は、2005年4月1日より施行する。（2005年2月3日　第59回常任理事会決定）
附則
　この規程は、2011年4月1日より施行する。ただし、第2条は、2011年4月に執行される会長及び理事選挙より適用する。（2010年7月10日　第18回理事会決定）

日本教育政策学会年報編集委員会規程

第1条　日本教育政策学会年報編集委員会（以下、「委員会」という。）は、学会誌『日本教育政策学会年報』の編集及び発行に関する事務を行う。
第2条　委員は、常任理事会が会員の中から選出し、理事会の承認を得る。
　2　委員の定数は10名以上12名以下とする。ただし、うち、少なくとも2名は常任理事から選出する。
第3条　委員長及び副委員長は、常任理事会が、委員に選出された常任理事の中から選出し、理事会の承認を得る。
第4条　委員会の互選により常任委員若干名を選出する。
　2　委員長、副委員長及び常任委員は、常任編集委員会を構成し、常時、編集実務に当たる。
第5条　委員の任期は3年とし、交代時期は毎年度の総会時とする。ただし、理事から選ばれた委員の任期は、理事の任期と同じものとする。
第6条　委員会は、毎年1回以上全員が出席する会議を開き、編集方針その他について協議するものとする。
第7条　編集に関する規定及び投稿に関する要領は別に定める。
第8条　編集及び頒布に関わる会計は、本学会事務局において処理し、理事会及び総会の承認を求めるものとする。

第９条　委員会は、その事務を担当する幹事若干名を置くことができる。幹事は、委員会の議を経て委員長が委嘱する。
第10条　委員会に事務局を置く。
第11条　本規定の改廃は、常任理事会が発議し、理事会で決定する。
附則
１　この規程は1993年６月26日より施行する。（1993年６月26日、第１回理事会決定）
２　第３条第１項の規定にかかわらず、改正規程施行最初の委員については、その半数の委員の任期は２年とする。（1999年６月26日改正）
附則
この規定は2018年７月７日より施行する（2018年７月７日第25回大会総会にて一部改正）。

日本教育政策学会年報編集規程

１　日本教育政策学会年報（以下「年報」という）は、日本教育政策学会の機関誌であり、原則として年１回発行する。
２　年報は、本学会会員の研究論文、評論、書評、資料、学会記事、その他会員の研究活動に関する記事を編集・掲載する。
３　年報に論文等を投稿しようとする会員は、投稿・執筆要領に従い、その年度の編集委員会事務局に送付するものとする。
４　投稿原稿の採否は編集委員会の会議で決定する。その場合、編集委員会以外の会員に論文の審査を依頼することができる。
５　掲載予定原稿について、編集委員会は若干の変更を行うことができる。ただし内容の変更の場合は執筆者との協議による。
６　編集委員会は、特定の個人又は団体に原稿を依頼することができる。
７　原稿は原則として返還しない。
８　写真・図版等で特定の費用を要する場合、執筆者の負担とすることがある。
９　その他執筆及び構成については執筆要領を確認する。
10　抜き刷りについては入稿時に50部を単位として編集委員会に申し出る。費用は個人負担とする。
以上

日本教育政策学会年報投稿・執筆要領

2017年３月４日編集委員会決定

１　投稿論文及び研究ノートの投稿資格

本学会会員であること。

２　論稿の種類

論稿は投稿論文及び研究ノートとする。論稿は、未発表のオリジナルのものに限る。二重投稿は認めない。ただし口頭発表及びその配付資料はこの限りではない。研究ノートは、投稿論文と並立するもので、（１）研究動向等を展望し研究上の提言をおこなったもの、（２）学術的価値のある資料紹介に重点をおきつつ考察を加えたもの、（３）その他の萌芽的研究を記すなど、提示された知見が挑戦的で新鮮さがある論述をさす。

３　投稿論文及び研究ノートの投稿手続き

（１）投稿論文及び研究ノートの投稿申し込み期限は９月30日必着とする。投稿申し込みの方法についてはその年度毎に Web および会報（News Letter）に掲載する。

（２）投稿論文及び研究ノートの原稿締め切りは11月30日とする。期限までにその年度の編集委員会事務局宛郵送する。遅延した場合は理由の如何を問わず掲載しない。

（３）論稿の送付にあたっては、次のものを全て同封する。サイズはＡ４版とする。投稿者は同封物のコピーを必ず保存する。

ａ）投稿者情報１枚

次の事項を記載する。①投稿者所属　②投稿者氏名　③投稿論文・研究ノートの別　④論稿題目　⑤連絡先住所　⑥電話番号　⑦ FAX 番号　⑧ e-mail アドレス

ｂ）論稿原稿

原稿４部。原稿には投稿者氏名その他投稿者が特定される情報は記さない。

ｃ）和文アブストラクト１枚

論稿題目、アブストラクト（400字以内）、キーワード（５語以内）を記載する。投稿者氏名は記載しない。

ｄ）英文アブストラクト１枚

投稿者氏名、論稿題目、アブストラクト（200語以内）、キーワード（５語以内）を記載する。

（４）投稿する論稿が既発表または投稿中の論文等のタイトルや内容と多く重複する場合は、そのコピーを１部添付する。

（５）第２次査読の対象になった投稿者は、指定された期日までに修正原稿

を電子ファイルで送付する。

（6）掲載決定した投稿者は、速やかに最終原稿（A４版サイズ）及びテキスト形式の電子ファイルを提出する。

4　執筆の要領

（1）論稿の形式

a）投稿論文は、横書き35字×32行のフォーマットで14枚以内とする。

b）研究ノートは、横書き35字×32行のフォーマットで10枚以内とする。

（2）執筆上の注意

a）引用文献、注は、体裁を整えて文末に一括して並べる。脚注は用いない。

b）図表は本文中に適切なスペースを確保して挿入、または挿入箇所を明示して添付する。

（3）注、引用文献等の記載に関する凡例

引用文献の記載方法は、注方式、引用文献一覧方式のいずれでもよい。ただし、注方式の場合には、引用文献一覧を論文に付すこと。

a）注方式

文献等を引用あるいは参照した箇所に注番号を入れ、論稿の最後に対応する注番号をつけて文献等の書誌情報（著者名、『書名』、出版社、出版年、該当ページなど）を示す。なお、web サイトからの引用は、著者あるいは所有者名、タイトル、URL アドレス、確認日時を記す。

b）引用文献一覧方式

文献等を引用あるいは参照した箇所に、括弧でくくって著者名、発行年、参照ページなどを記し、引用、参照文献の書誌情報（著者名、発行年、『書名』、出版社など）は論稿の最後に著者名のアイウエオ順またはアルファベット順に一括して記す。

5　CiNii 登載の承認

年報はその全部を CiNii 及び J-STAGE に登載することを、執筆者は認めたものとする。

6　その他

（1）　著者校正は初稿のみとする。校正は最小限の字句の添削にとどめる。

（2）　抜刷を希望する場合は、校正時に直接出版社に申し出る。

（3）　執筆に関わる事項で不明の点はその年度の編集委員会事務局に問い合わせる。

日本教育政策学会申し合わせ事項

Ⅰ　日本教育政策学会の会費納入に関する申し合わせ

2008年６月21日　第16回理事会一部改正

１　会員は、当該年度の大会開催時までに当該年度の会費を納入するものとする。

２　大会における自由研究発表及び課題研究等の発表者は、発表申し込み時までに、当該年度までの会費を完納するものとする。

３　会長及び理事選挙における有権者または被選挙権者は、選挙前年度までの会費を前年度末までに完納している会員でなければならない。

４　会員が４月末日までに退会を届出た場合には、理事会の承認により、前年度末をもって退会を認めるものとする。

Ⅱ　長期会費未納会員に関する申し合わせ

2000年７月１日　第８回理事会

１　会費未納者に対しては、その未納会費の年度に対応する年報が送られない。

２　会費が3年以上未納となっている会員は、次の手続により退会したものとみなす。

ｉ）未納３年目の会計年度終了に先立つ相当な時期と学会事務局が認める時期において、当該会費未納会員に対し、相当の期間を定めて、会費未納状況を解消することを催告し、かつ期限内に納入されない場合には退会したものとして取り扱う。

ⅱ）学会事務局は、前項督促期間内に会費を納入しなかった会員の名簿を調製し、理事会の議を経て退会を決定する。

以上

Ⅲ　常任理事の退任にともなう取り扱いに関する申し合わせ

2013年７月20日　第21回理事会削除決定

Ⅳ　会長及び理事選挙における被選挙権辞退に関する申し合わせ

2006年７月１日　第14回理事会

2019年７月７日　第27回理事会一部改正

１　会長及び理事選挙の行われる年度内に、満70歳を迎える会員、または70歳以上の会員は、被選挙権を辞退することができる。

２　直近２期以上連続で理事をつとめた会員は、次の選挙で被選挙権を辞退することができる。

以上

Ⅴ　常任理事が任期を残して退任した場合の取り扱いに関する申し合わせ

2013年７月20日　第21回理事会決定

常任理事会は、常任理事が任期を残して退任し、その補充が必要と認められる場合には、理事会にその旨を提案することができる。この申し合わせは第８期常任理事から適用する。

以上

Ⅵ　常任理事等の旅費補助に関する申し合わせ

2017年７月１日　第25回理事会決定

常任理事等の旅費補助に関しては、以下の１から８の要領で行う。

１　旅費補助は総会で議決された予算額の範囲内で支給する。

２　旅費補助の対象となるのは正規の会合に参加した遠隔地に所属する常任理事及び年報編集委員とする。

３「遠隔地」とは、役員選挙における地方区の所属において、会合の開催された地区以外の地区をさす。

４「旅費」には交通費及び宿泊費を含み、日当は含まない。

５　遠隔地から正規の会合に参加した常任理事及び年報編集委員は、旅費実費を超えない金額を、会計年度末までに事務局長に請求することができる。

６　請求を受けた事務局長は、会合への出席状況と旅費実費を精査した上で補助金額を決定し、支給し、常任理事会に報告する。

７　複数人から請求された金額の合計が予算を上回る場合には、請求額に応じて按分して支給することを原則とする。

８　本学会大会開催時に行われる理事会及び編集委員会については旅費補助の対象としない。

9　常任理事会の合議により、臨時に上記と異なる措置をとることができる。

日本教育政策学会第10期役員一覧（2020年大会～2023年大会）

会長　中嶋哲彦

理事◎貞広斎子（全国区）
　　◎佐藤修司（全国区・年報編集委員長）
　　◎広井多鶴子（全国区）
　　◎横井敏郎（全国区・課題研究担当）
　　　姉崎洋一（北海道東北）
　　　篠原岳司（北海道東北）
　　　青木純一（関東）
　　◎荒井文昭（関東）
　　　蔵原清人（関東）
　　　児美川孝一郎（関東・課題研究担当）
　　　仲田康一（関東）
　　◎広瀬裕子（関東）
　　　前原健二（関東）
　　　村上祐介（関東）
　　　坪井由実（甲信・東海・北陸）
　　　武者一弘（甲信・東海・北陸・事務局長）
　　◎尾崎公子（近畿）
　　　押田貴久（近畿）
　　　岡本　徹（中国・四国・九州・沖縄）
　　　藤澤健一（中国・四国・九州・沖縄）
（◎常任理事）

監査　榎　景子
　　　葛西耕介

事務局幹事　石井拓児　川口洋誉　谷口　聡
事務局書記　服部壮一郎　広川由子　松田香南

年報編集委員会

編集後記

第28号は、秋田大学の佐藤修司先生を編集委員長とする新たな体制で編集作業を進めて参りました。常任編集委員は、これまで主に関東圏の会員の方々が担って下さっていましたが、web 会議システムの活用が可能になったことから、北海道から沖縄まで勤務地を問わない編集体制となりました。

新編集委員会が企画した特集Ⅰのテーマは「教育の危機管理と復興・支援」です。東日本大震災から10年の節目を迎えようとしていた矢先に、福島、宮城で震度６強の大きな地震が発生し、被害も出ました。節目は決して区切りではなく震災リスクから逃れられないことを再認識させられました。このことは、感染症の脅威も同様です。書物等を通し知識として知っていた感染症によるパンデミックが過去の出来事ではなく、まさにその渦中にあります。私たちは、過去の教訓をいかに活かし、子どもたちの命を守っていくのか。特集論考では、自然災害に止まらず、いじめ対応等も含めて、ステークホルダーの参画を踏まえた危機管理のあり方が提起される一方、教育に関わるリスクに対する社会的なまなざしの強まりが、教育活動を規定している点にも着眼されています。子どもたちの命や well-being をめぐる重層的で包括的な支援は、「危機管理」「復興・支援」を一面的に捉えない視座をもってはじめて可能になるのではないかと思います。教育の危機管理に関する議論を深め、教育政策立案に資する特集になっていれば幸甚です。

今回の投稿論文については、15本の申込みがあり、実際に投稿されたのは論文８本、研究ノート２本でした。査読の結果、論文１本、研究ノート１本が掲載されることとなりました。投稿数は例年並みでしたが、掲載数が若干少ない結果となりました。まだまだ新型コロナウィルスの収束が見通せず、思うように研究が捗らない状況が続きますが、次号におきましても、奮って投稿頂きますようお願いいたします。

末筆ながら、第28号の執筆、編集を担当してくださいました皆様に、心よりお礼申し上げます。

編集委員会副委員長　尾﨑 公子

日本教育政策学会年報　第28号
Annual Bulletin of the Japan Academic Society for Educational Policy No.28

教育の危機管理と復興・支援

発行日　2021年７月10日
編　集　日本教育政策学会年報編集委員会
発行者　日本教育政策学会 ©
　　会長　中嶋　哲彦
　学会事務局
　　中部大学 人間力創成総合教育センター 武者一弘研究室 気付
　　〒487-8501　愛知県春日井市松本町1200番地
　　TEL: 0568-51-1111（代表）内線4673
　　FAX: 0568-51-1957
　　MAIL: jasep10th@gmail.com
発売所　学事出版株式会社
　　〒101-0021　東京都千代田区外神田2-2-3
　　TEL 03-3255-5471 FAX 03-3255-0248
装　幀　精文堂印刷デザイン室　内炭篤詞
印刷所　精文堂印刷株式会社

ISBN978-4-7619-2724-0　C3037　　2021 Printed in Japan